新日本プロレスブックス

オカダの部屋

オカダ・カズチカ

イースト・プレス

「オカダの部屋」へ、ようこそ。

「オカダの部屋」は新日本プロレスのオフィシャルスマホサイトで、僕がホスト役を務めている対談企画です。毎回、ゲストはCHAOSの先輩を中心にお呼びしているのですが、基本的には雑談をしているだけなので、一冊の本になると聞いたときは正直、「こんなにゆるい感じで大丈夫なのかな?」と思いました(笑)。でも、ご登場いただいたみなさんの過去の貴重な話をはじめ、それぞれのプロレス哲学、そしてオカダ・カズチカへの賛辞(笑)、などなど、ここでしか読むことのできないエピソードが盛りだくさんなので、きっとファンの方々には興味深い内容になっていると思います。ぜひ、僕の“トークでもレヴェルが違う”ところを楽しんでいただければうれしいです。

オカダ・カズチカ

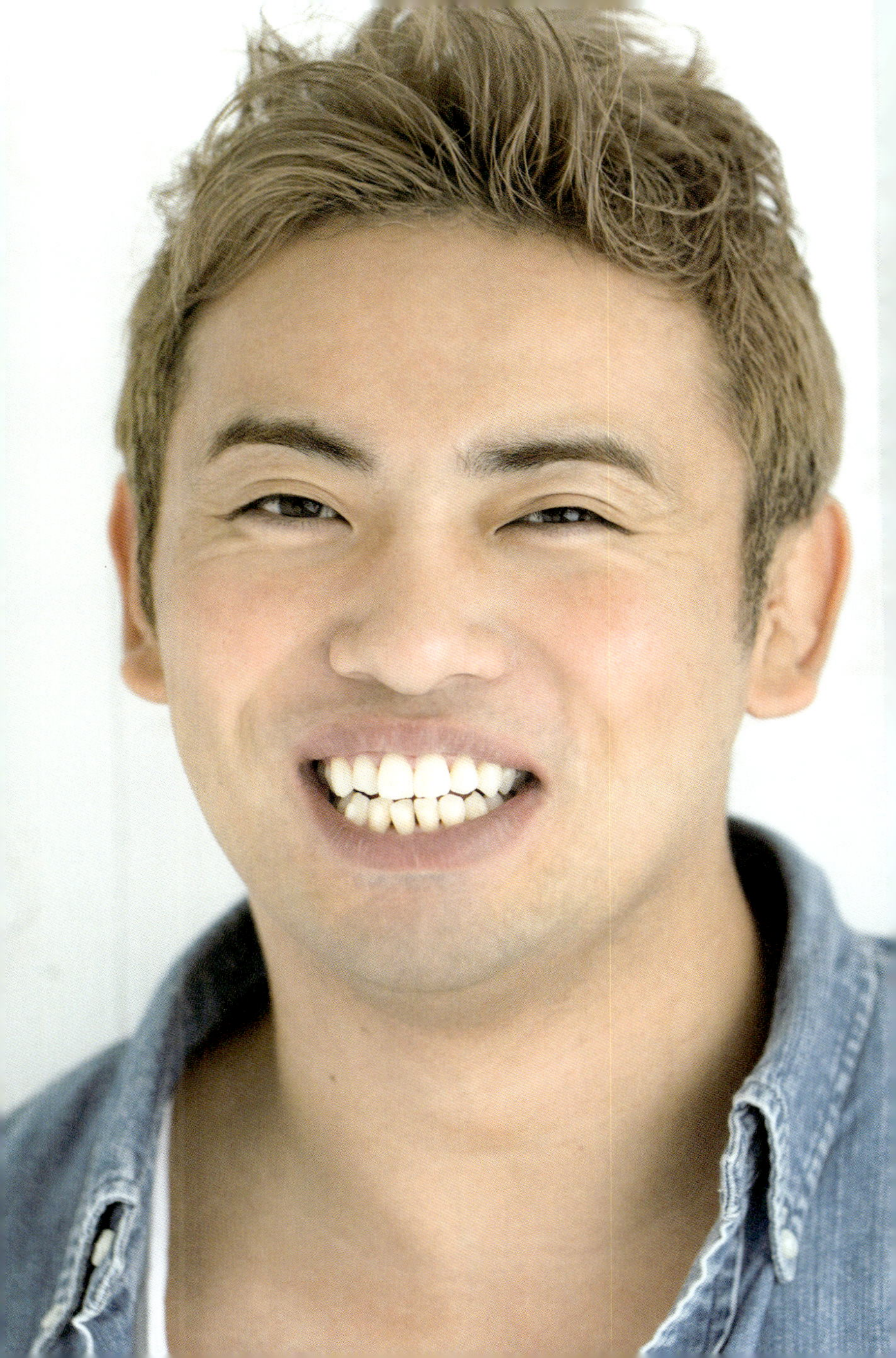

DAY!

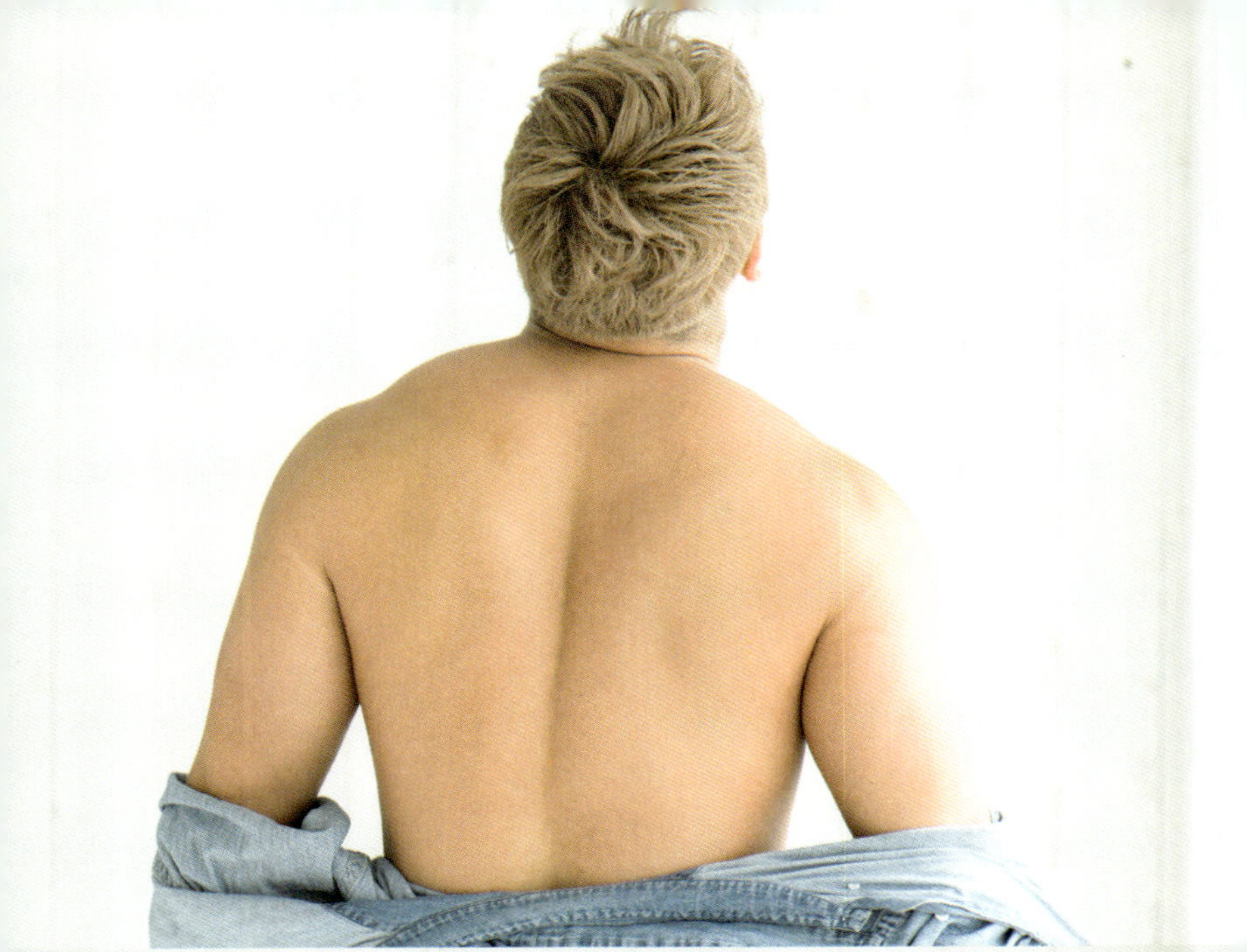

OKADA's ROOM CONTENTS

vs YOSHI-HASHI

vs 邪道

vs 外道

vs 矢野通

vs ウルティモ・ドラゴン

vs 石井智宏

vs ミラノコレクションA.T.

vs タイガー服部

vs 後藤洋央紀

vs 外道

［第1回ゲスト］

オカダ・カズチカ × YOSHI-HASHI

「オカダとはたぶん20回くらい、
シングルやったんじゃない？
僕が勝った覚えはないけど（笑）」

［収録日 2014年9月］

『オカダの部屋』の記念すべき1人目のゲストとして登場したのは、オカダがヤングライオン時代から切磋琢磨し、同時期にCHAOSに加入した盟友、YOSHI-HASHI。その個性的な雰囲気や言動が、ファンからも愛される“CHAOSのイジられキャラ”のさらなる魅力を、レインメーカーがクローズアップ!

YOSHI-HASHI(よし-はし)
1982年5月25日生まれ、愛知県出身。アニマル浜口道場を経て、07年に新日本プロレス入門。翌年7月に内藤哲也戦でデビュー。その後、ジュニアヘビー級戦線で活動後、10年6月からメキシコ遠征へ。12年1月4日にヘビー級として凱旋し、CHAOSに加入。16年の『G1 CLIMAX』への初出場をきっかけに、一気にブレイクを果たした。180cm、102kg。

「実家近くの健康ランドに行くのが好きです」（YOSHI）

オカダ　YOSHI-HASHIさん、ついに『オカダの部屋』がはじまりました。
YOSHI　これ、最初のゲストが僕でいいの？（苦笑）
オカダ　いや、まずはYOSHI-HASHIさんで肩ならしを（笑）。いきなりですが、YOSHI-HASHIさんって、普段は何してるんですか？　たとえば趣味とか。
YOSHI　普段かあ。普段、普段……（熟考中）。え、普段？
オカダ　そうですよ、普段です、普段。
YOSHI　練習とか以外で、ってことだよね？　趣味かあ。趣味、趣味……（熟考中）。とくにないですね（苦笑）。
オカダ　それだけ考えてないんですか？（笑）
YOSHI　へへへ。ウチでゴロゴロしてるのが多いっすよね。
オカダ　俺は引きこもりだ、と？
YOSHI　ええ？（笑）。いやあ、人ゴミとかがあんまり好きじゃないから……。
オカダ　あ、YOSHI-HASHIさん、たしか銭湯が好きなんじゃないですか？
YOSHI　ああ、そうだ！　健康ランドが好きですね。あとはなんですかね……。まあ、出かけるにしろ、都心じゃなくて鎌倉とか好きですね。

オカダ　YOSHI‐HASHIさんに会いたければ、とりあえず鎌倉に行けばいい、と？

YOSHI　ええ？（笑）。いや、そんなしょっちゅうは行ってないし、基本的には家にいます。

オカダ　昔からインドア派なんですか？

YOSHI　いや、子どものときはサッカーやったり、釣りとかも好きだったりしたんですけど、気づいたらインドアになってましたね。新日本に入るくらいから。

オカダ　新日本に入る前に何があったんですか？（笑）

YOSHI　いや、そういうわけじゃないけど（苦笑）。ホント、普段はウチで映画観たり、『ウイニングイレブン』やったり。

オカダ　基本的に僕らも巡業以外で会うことはないですけど、一回だけ用事があって、コッチがYOSHI‐HASHIさんのウチに行ったことありましたよね？

YOSHI　ああ、一回来たね。

オカダ　今度、CHAOSのみんなでYOSHI‐HASHIさんのウチに行くんで、飲み会やりましょうよ。壁とかドンドン叩くんで（笑）。

YOSHI　へへへ、苦情来ちゃうよ（苦笑）。でも、ホント、ウチにいるときは『ウイニングイレブン』やったり……。

オカダ それ、もう聞きましたから、次いきましょう（笑）。YOSHI-HASHIさんはいつも、僕にジュースを買ってくれるんですよね。コッチがかわいいのか、なんなのか（ニヤリ）。

YOSHI いや、ジュースならいいかなって。エスカレートされると困っちゃうけど（笑）。

オカダ YOSHI-HASHIさんは基本的に優しいと思います。若手が新しく入ってきても、怒ってるYOSHI-HASHIさんは見たことないですから。

YOSHI まあ、べつにふつうにしてれば、怒ったりもしないですかね。

オカダ 逆に僕は、ガッツリ言うほうですよね。YOSHI-HASHIさんの手をわずらわせないように、僕がシッカリと（ニヤリ）。

YOSHI たしかにコッチが言わなくても、寮生の頃なんかはオカダが言ってくれてましたね。そういうのは全部やってくれたですよね。いや、僕も若手に注意というか、あるのはあるんですよ。でも、言わないときは言わないというか、注意するときもホント、たまたまあったりもするんですけど、そんなにあんまりは……。

オカダ YOSHI-HASHIさん、次いってもいいですか？（笑）

YOSHI ああ、はい、大丈夫（笑）。

オカダ　巡業中、僕と一緒にお昼食べに行ったりするじゃないですか？　でも、何食べるとか、だいたいは後輩のコッチが決めちゃってますよね（笑）。

YOSHI　そうだね。もう、自分は昔からちょっと優柔不断で、食事なんかも「ああ、どうしようかな」みたいに決めかねちゃうことがすごく多くて。だから、相手に合わせることが多いです。

オカダ　僕なんかはスパッと決めちゃいますね。YOSHI‐HASHIさんが悩んだら「もう、これでいいじゃないですか」みたいな。で、だいたい、僕はオゴってもらって（笑）。一応、財布を出して「払う気はありますよ」というのを見せといて、YOSHI‐HASHIさんに持ってもらうっていう。フフフ。

YOSHI　まあでも、僕もCHAOSの先輩たちにオゴってもらうことが多いので。新日本に入ったのは自分が先なんで、そこはべつにいいかなって。

オカダ　じゃあ、これからはもっと高い店を選ぼうかな（ニヤリ）。

YOSHI　いやいや、へへへ（苦笑）。

オカダ　先輩との話だと、YOSHI-HASHIさんはよく中邑（真輔）さんとスナックに行ってますよね？

YOSHI　ああ、地方なんかだとけっこう行くっすよね。

オカダ　YOSHI-HASHIさんはカラオケで何を歌ってるんですか？

YOSHI　いや、僕はそんな歌わないですよ。中邑さんはけっこう歌いますけど。

オカダ　中邑さんは一昔前の曲とかが好きなので、「また誰も知らない歌入れた」って、YOSHI-HASHIさんのカラオケ姿をツイッターでアップしたりしてましたよね（笑）。

YOSHI　へへへ。あとはスナックにはトレーナーの三澤（威）先生とかも一緒に行きますね。スナックはおもしろいですよね、おばちゃんとかの話を聞くのが。

オカダ　人生の先輩がたの話ですね。でも、僕もお酒はそんなに飲めないですけど、もともとYOSHI-HASHIさんもそんな感じだったじゃないですか？　なのに、「なんで飲みたいみたいな感じにしてるんだろ？」って、ちょっと不思議に思いますよ。

ＹＯＳＨＩ　前よりかは強くなったんで。でも、いまだに僕、炭酸がダメっすよね。ビールとかハイボールとか。すごくゲップが止まらなくなるっすよね。

オカダ　じゃあ、ＹＯＳＨＩ‐ＨＡＳＨＩさんへの差し入れは焼酎とか日本酒とか、健康ランドのチケットが喜ばれる、と（ニヤリ）。

ＹＯＳＨＩ　ああ、僕の一番好きな健康ランドは、実家の近くにあるところなんですけど、そこにはよく行きますね。

オカダ　ＹＯＳＨＩ‐ＨＡＳＨＩさん、そこはそんなに広げなくても大丈夫です（笑）。

「逆に僕は外道さんに守られてます」（オカダ）

オカダ　僕も最近、ひさびさに中邑さんとふたりで飲んだんですよ。

ＹＯＳＨＩ　ああ、みたいだね。

オカダ　あのときは中邑さんから「店のクジを引いたら焼酎のボトルが当たっちゃったよ」みたいな連絡があったんですよね。で、中邑さんがＹＯＳＨＩ‐ＨＡＳＨＩさんを誘ったら、すでにべつの知り合いと飲んでいて、ほかにロッキー（・ロメロ）に声を掛けても、疲れてたのか、「今日はホテルから出たくない」ってことで。それで僕に連絡がきたみたいで。

YOSHI　へえ。

オカダ　そのときは中邑さんと「海外はどこがいい、ここがいい」とか、そういうワールドワイドな話をしましたね。僕はクロアチアをオススメしておきました。

YOSHI　え？　ク、クロアチア？

オカダ　いや、旅好きな友だちから「クロアチアがいい」って聞いてたんですよ。まあ、楽しいお酒で、気持ちのいい酔いかたをしましたね。

YOSHI　そのあと、ツイッターで矢野（通）さんに「俺の誘いは断った」って絡まれてたよね？（笑）

オカダ　いや、じつは同じ日に矢野さんにも誘われてたんですよ。ただ、矢野さんの知り合いの家に泊まりがけで飲むってことだったんで、「すみません、ちょっとホテルでやりたいこともあるので」っていう感じでお断りして。で、そのあとに中邑さんと飲んでるのをツイッターに上げたら、矢野さんに突っ込まれたんで「ヤベー、コレ上げちゃいけないヤツだった」みたいな（笑）。でも、もう矢野さんとは仲直りの飲み会をやったので問題ないです。フフフ。

YOSHI　へへへ。

オカダ　ＣＨＡＯＳメンバーみんなで飲むことも、シリーズに一回くらいありますよね。先日も岡山でＣＨＡＯＳのイベントをやったあとにみんなで飲んで。ＹＯＳＨＩ‐ＨＡＳＨＩさん、端っこのほうで飲んでましたよね？　イジられないよう、中邑さんに守られるように（笑）。

ＹＯＳＨＩ　そうですね、けっこう端にいたっすよね（笑）。でも、最近は石井（智宏）さんもけっこう……。

オカダ　ああ、外道さんに集中砲火されてますよね。逆に僕は外道さんに守られてます（ニヤリ）。

ＹＯＳＨＩ　ああ、そうだ。ちょっと甘やかしすぎですかね（笑）。

オカダ　たとえば食べ物が残っても、外道さんは「オカダは食べなくていいよ。石井に回しとけばいい」みたいな。あと、石井さんが「（空調が）寒い」って言ったら、「うるさい」の一言で終わらせるとか（笑）。

ＹＯＳＨＩ　そういうのあるっすよね（笑）。

オカダ　ＹＯＳＨＩ‐ＨＡＳＨＩさんがＣＨＡＯＳで飲んでて、何か印象深かったこととかあります？

ＹＯＳＨＩ　そうですねえ……。あ、一回、（アレックス・）コズロフが酔い潰れて、そのあとにいきなり全力疾走したことあったよね？

オカダ　ああ、明石の夜の疾走ですね（笑）。

YOSHI　そうそう。コズロフがありえないぐらいにハイボールを一気しだして、コッチも「コレ、大丈夫なのか？」って思って（笑）。しかも、次第にハイボールも色が濃くなっていって、ほぼストレートなんすけど、バンバン空けてくんですよね。で、そのあとに酔い潰れたと思ったら、店出たとたん、いきなり全力疾走して。アレは慌てて止めたっすよね。

オカダ　フフフ。でも、そういう飲み会も、僕は途中で抜けることが多いですよね。二次会に流れる前に「すみません、明日があるんで」みたいな。

YOSHI　ああ、そうだね。

オカダ　『G1』のときも邪道さんや外道さん、石井さんと飲んでて、「じゃあ、僕は明日も試合（『G1』公式戦）あるんで」って言ったら、すかさず石井さんが「いや、俺もあるし！」みたいな（笑）。

YOSHI　僕も岡山のイベントのときは次の日がNEVERのタイトルマッチだったので、「お先に失礼します」って帰りましたけど、基本的にはいつも最後までついていくっすよね。

オカダ　なんか、僕が付き合い悪いみたいじゃないですか（笑）。でも、ＣＨＡＯＳで飲むのは楽しいですよね。

ＹＯＳＨＩ　そうですね、みんなでワイワイと。

オカダ　ちょっと、ほかのユニットはどんな感じなのか偵察してきてくださいよ、ＹＯＳＨＩ－ＨＡＳＨＩさん。

ＹＯＳＨＩ　ええ？　て、偵察っすか？

オカダ　で、コッチに戻ってきても、ＣＨＡＯＳには居場所がなくなってる、と（笑）。

ＹＯＳＨＩ　へへへ、孤立っすか（笑）。

オカダ　なんで笑顔なんですか（笑）。あと、ＣＨＡＯＳは僕とＹＯＳＨＩ－ＨＡＳＨＩさんが加入してから、ユニットの色が武闘派からゆるい感じになったっていう声があるみたいなんですけど、どう思いますか？

ＹＯＳＨＩ　ど、どうなんですかねえ……。

オカダ　それ、僕たちだけのせいじゃなくないですか？　だって、矢野さんがコミカルなポーズしたり、中邑さんが石井さんの画像をツイッターでアップしたりとかもあるんじゃないかな、と。

ＹＯＳＨＩ　ああ、毎回おもしろいのをアップしてるっすよね（笑）。

オカダ　あとは邪道さんがももクロ好きだって公言したり、外道さんがかわいいって言われはじめたり（笑）。だから、みんなに責任があるんだと思いますね。フフフ。
YOSHI　たしかにウチらが入ってガラリというよりは、徐々に変わっていったような気はするんですけどね。一番ヒールっぽい、飯塚（高史）さんもいなくなったし。
オカダ　YOSHI-HASHIさんも凱旋帰国したときは口調も荒かったのに、いまは違いますから、それも原因なんじゃないですか？　方向転換したから。
YOSHI　ええ？　いや、方向転換はしてないですよ。方向転換はしてないです……。
オカダ　いやいや、最初は「タコスをつっこんでやる！」とか、物騒なこと言ってましたけどね（ニヤリ）。

ＹＯＳＨＩ　いや、まあ、その……（しどろもどろ）。そこはきっと進化であり、向上なんだと思いますよ。へへへ。

オカダ　じゃあ、ＣＨＡＯＳはそれぞれが進化向上して、ゆるくなっていった、と（笑）。

「僕はけっこう、新弟子はシゴきました」（オカダ）

オカダ　ＹＯＳＨＩ‐ＨＡＳＨＩさん、僕とはじめて会ったときのこと覚えてます？

ＹＯＳＨＩ　コッチが07年の5月に入門して、オカダは2か月後くらいに入ったんだっけ？

オカダ　そうですね、僕が7月に闘龍門《とうりゅうもん》で最後の試合をやって、すぐに新日本に移ったので。僕とはじめて会ったときの印象はどうでしたか？

ＹＯＳＨＩ　会ったときの印象……（熟考）。いや、背がデカいなって。

オカダ　それ、見たまんまじゃないですか（笑）。

ＹＯＳＨＩ　へへへ。

オカダ　あの頃、僕とＹＯＳＨＩ‐ＨＡＳＨＩさん以外にも新弟子がいましたよね。

ＹＯＳＨＩ　いましたね。まず、僕が入る前にも3人いたんですよ。で、ふたりが辞めて、ひとりだけ残って、そこに新しく僕ともうひとりが加わって、また3人になって。それからふたりが抜けて、僕ひとりになったところに、オカダが入ってきた、と。そのまま、しばらくはふたりだけで、なかなか人が入らなかったよね。

オカダ 入りはするんですけど、デビューまではこぎつけないってことですよね。僕のあとが2年くらい離れて三上《みかみ》（恭佑《きょうすけ》）とか高橋《たかはし》（広夢《ひろむ》）、（バッドラック・）ファレなんで。

YOSHI なんか、一時期大量に入ったことあったよね？　一気に8人くらい入ったときのこと覚えてる？

オカダ え、そんなのありましたっけ？

YOSHI ほら、北海道のコとかいたじゃん。

オカダ ああ、急に夜逃げしていなくなった？

YOSHI そうそう。あとは福岡のコ、覚えてる？　眉毛が鍾馗様《しょうきさま》みたいな。

オカダ ショ、ショウキサマってなんですか？（笑）

YOSHI いや、眉毛がピーンってなったヤツ（笑）。あとね、何人かいたんだよ。その中に三上、高橋、ファレもいて。

オカダ そんなにいっぺんに入ってきたんでしたっけ？

YOSHI 第一陣、第二陣で入ってきたんだよ。第一陣が三上、高橋、辞めちゃったコふたり。で、第二陣でファレと何人かが入ってきて。
オカダ　へえ、僕はいつ新弟子が辞めたかとか、そんなの気にしてなかったですから、全然覚えてないです。ＹＯＳＨＩ - ＨＡＳＨＩさん、よく覚えてますねえ。
ＹＯＳＨＩ　へへへ。なんだろ、なんか覚えてる。
オカダ　まあ、トレーニングは厳しいですからね。
ＹＯＳＨＩ　ウン。それまでに運動やってなかったら厳しいですよね。
オカダ　いや、運動やってなくて入門できたら、まずいじゃないですか（笑）。
ＹＯＳＨＩ　ああ、そうか（笑）。
オカダ　僕はけっこう、新弟子はシゴきましたね。礼儀にしろ、「うるさいって言われるくらい挨拶しろ」とか言ってましたもん。みんな、年上の後輩でしたけど、そんなの関係なく。
ＹＯＳＨＩ　へえ、年上ばっかりだったんだ？
オカダ　だって、三上もファレも上ですし。
ＹＯＳＨＩ　渡辺《わたなべ》（高章《たかあき》＝ＥＶＩＬ）と同級生？
オカダ　いや、向こうが1個上です。で、小松《こまつ》（洋平《ようへい》）が1個下で、高橋と田中《たなか》（翔《しょう》）が2個下ですね。あ、アイツも1個上ですよ。僕がビンタしたら、鼓膜がどうとか……。

YOSHI　ああ、あったね！　それ、耳鼻科連れていったんだよ。で、「おまえさ、俺たちの仕事は鼓膜なんかすぐ破れるし、そんなんじゃモタないよ？」って言って。それで病院の先生に診てもらったら、「これ、最近の傷じゃないよ。古傷だよ」って言われちゃって（笑）。

オカダ　ハハハ。ソイツはすごかったですね。サランラップを持ってきて、「オカダさん！　コレ、どこからめくればいいかわかりません！」とか、そんなことばっか聞いてきましたから（笑）。米の研ぎかたもわからなかったし。

YOSHI　僕も怒ったっていうか、注意したことありましたね。野菜を冷蔵庫にしまうときは、古いヤツから使うように手前に置けって言ったんですよ。でも、ある日、冷蔵庫を見たらしなびた野菜がけっこう入ってて、「前に言ったろ？　野菜、傷んじゃうだろ」って。

オカダ　さすがYOSHI-HASHIさん、食にはうるさいですね（ニヤリ）。

YOSHI　いやまあ、へへへ。

オカダ　でも、YOSHI-HASHIさんを怒らせるくらいだから、やっぱり相当ですよね。

YOSHI　まあ、いろんなヤツいたよね。入門して1日か2日で、トレーナー室に行っちゃったヤツがいて。だから「おまえ、どうしたの?」って聞いたら、「いや、筋肉痛になっちゃって」とか言ってきたんで、「そんなのあたりまえじゃん! 練習したら筋肉痛くらいなるよ。これからもっと練習キツいのに、そんなんじゃモタないよ?」って言って。そしたら、すぐ置き手紙していなくなっちゃったけど(笑)。

オカダ フフフ。ホント、いろんなヤツいましたねえ。

YOSHI いたねえ、へへへ。

「内藤哲也は自分の殻に閉じこもるタイプだったね」(YOSHI)

オカダ YOSHI‐HASHIさんは若手時代、寮長もやってましたよね。

YOSHI いやまあ、(オカダより)ちょっとだけ入るのが早かっただけだから。へへへ。ウチらより少し上の、内藤哲也《ないとうてつや》と平澤光秀《ひらさわみつひで》はもう寮を出てたし。

オカダ でも、平澤さん、通いでチャンコ番とかしてましたね(笑)。

YOSHI そうそう、いろいろなことがあって、史上初の通いのチャンコ番になって(笑)。スキンヘッドにもなってたよね? ウチらが寮に入ってから海外に行くまで、あの人はズーっと上の人に怒られっぱなしだった気がするなあ。

オカダ　それで僕たちも連帯責任でペナルティ食らってましたよね。内藤さんはひとりでいることが多かったですよね？

YOSHI　ああ、そうだね。練習もひとりでゴールドジムに行ったりしてたし。僕と内藤と、辞めた新弟子の3人が同室だったんだよね。内藤はアニマル浜口ジムで一緒だったから、新日本に入った頃はいろいろ教わりましたね。コッチが聞くと教えてくれるけど、聞かないと何も言わない人というか。逆に僕の前に寮長だった人は、ああでもないこうでもないって、コッチが聞いてないのにいろいろ言ってきたんですけど（笑）。

オカダ　フフフ。僕も内藤さんと同室だったことがありましたね。新しい練習生がいろいろ入ってくるからってことで、部屋割りを変えて。たしか、その頃は（プリンス・）デヴィットも（カール・）アンダーソンもいたし。

YOSHI　ああ、そうだそうだ。

オカダ　まあ、内藤さんとは釣りとかバッティングセンターとかに一緒に行ったりもしましたけど、最初は壁がハンパなかったですねえ。あの人、そういうところ、ありますよね？

YOSHI　うん。けっこう、自分の殻に閉じこもるタイプだったね。

オカダ　壁が開いたと思ったら、また新しい壁が、みたいな（笑）。まあ、当時はよくYOSHI-HASHIさんと励ましあうとかじゃなく、「明日は合同練習か」とか愚痴は言ってましたね。

YOSHI　ウン、「きついな」みたいな話はしてたよね。とくに足のトレーニングはすごくきつかったなあ。等々力不動の急な階段をダッシュして上って、道場に戻ったら延々とスクワットやったりして。だから、足のメニューが多い日にチャンコ番だと、途中で抜けられるから〝ラッキーチャンコ〟なんですよ（笑）。

オカダ　当時、コーチが山崎一夫《やまざきかずお》さんだったんですけど、けっこう昭和寄りの練習というか、〝三角スクワット〟とかもやってましたね？

YOSHI　あった、あった（笑）。基礎体だけで1時間以上、ミッチリとやってたね。途中で三澤先生がコーチになってからは、また少しメニューが変わって。

オカダ　体幹を鍛えるバランストレーニングとかありましたね。まあ、僕も新日本に移籍した当初はきつかったですよ。とくに合同練習は先輩がたもいるので地獄で。

YOSHI　僕、同じ時期に3人で入って、ほかのふたりが辞めてひとりになったときはヤバかったなあ。先輩全員から一点集中みたいにシゴかれましたから。

オカダ　あと、みんながリングで練習してるときに、僕たちだけ多摩川にランニング行かされることもありましたよね？　で、そういうときは歩いて帰ってくるっていう（笑）。当時、YOSHI-HASHIさんは僕のことをどう見てました？

ＹＯＳＨＩ　（プロレスリング・）ノアの対抗戦とか、抜擢されてたよね。でも、妬《ねた》みとかじゃなく、単純に「負けられないな」とか「がんばらないとな」って思ってましたね。そういうときも、自分がセコンドについてたし。

オカダ　でも、コッチはコッチで、ＹＯＳＨＩ・ＨＡＳＨＩさんが先にベルト挑戦が決まったときは「やられた」と思いましたよ（※09年12月、ＹＯＳＨＩ・ＨＡＳＨＩが金本浩二《かねもとこうじ》とのタッグで、田口隆祐《たぐちりゅうすけ》＆デヴィットの保持するＩＷＧＰジュニアタッグに挑戦）。

ＹＯＳＨＩ　へへへ。あのときはまだ、シングルで白星を挙げたことすらなかったんですけどね（苦笑）。

オカダ　僕らふたりのシングルもけっこうやってますよね？

YOSHI　そうだね、20回くらいじゃない？　僕が勝った覚えはないですけど（笑）。

オカダ　僕も負けた覚えはないです（笑）。まあ、ふたりで戦いつつ、組みつつ切磋琢磨をしたというか。

YOSHI　うん、そうだね。へへへ。

「凱旋試合は『ムチャだな』って思いました」（オカダ）

オカダ　YOSHI-HASHIさんはメキシコ修行では何がつらかったですか？

YOSHI　いやもう、●×△●×△が最悪だったっすよねえ（以降、メキシコ遠征について、穏やかな口調で不満を語る）。

オカダ　フフフ。普段は温厚なYOSHI-HASHIさんですけど、その件に関しては、かなりキレてますよね。逆に僕は、割とメキシコはエンジョイしたというか、現地の人とも仲よくして、家に遊びに行ったりもしてましたし。

YOSHI　やっぱり、オカダはそのへんがすごいよね。中学出て、すぐにプロレス入りして、なおかつメキシコでその行動力ですから。僕が同じ歳くらいのときは考えられないっていうか。

オカダ　でも、YOSHI-HASHIさんも、あと2年くらいはメキシコにいてもよかったんじゃないですか？（笑）

YOSHI　いやいや（笑）。ああ、そういえば、また思い出したけどさあ……（以下、再び穏やかな口調で不満を繰り返すが、やはり省略）。

オカダ　YOSHI-HASHIさん、そのくだり、残念ながら全部カットです（笑）。

YOSHI　へへへ。

オカダ　で、12年の1・4東京ドームで、僕と凱旋帰国同士で対戦するわけですけど、そのカードを聞いたときはどう思いました？

YOSHI　さすがに「エーッ!?」とは思いましたね。

オカダ　僕も「これはなかなかムチャだな」って思いました（笑）。

YOSHI　あとは東京ドームで凱旋試合をするって聞いて、あんまり実感がわかなかったというか。

オカダ　まあ、僕は平常心でしたけどね（ニヤリ）。

YOSHI　へへへ。僕はむしろ、あのドームよりも、はじめてのNEVERのタイトルマッチ（14年9月23日、岡山大会 vs 高橋裕二郎《たかはしゆうじろう》）のほうが緊張したっすね。

オカダ　あのとき、CHAOSの控え室でみんなが「YOSHI-HASHIの目がおかしい」って言ってましたもん。でも、リングインしてセコンドの中邑さんと石井さんと言葉を交わしたら、リラックスしたように見えましたけどね。

YOSHI ああ、すごく心強かったですよね。

オカダ まあ、僕はそこまでで、そのYOSHI-HASHIさんの試合は観なかったんですけど（笑）。

YOSHI ええ？（苦笑）。まあでも、自分の試合の着替えとかあるもんね。

オカダ はい、そのあとの自分の試合に集中できなくなっちゃうので。

YOSHI 僕もふだん、自分よりも前の試合は一切見ないです。気が散っちゃうので。

オカダ で、僕がアンダーソンとの試合が終わって控え室に戻ったら、YOSHI-HASHIさんがひとりで待っててくれて……。あれ、疲れて動けなかっただけですよね？（笑）

YOSHI いやいや、待ってたの、待ってたの（笑）。オカダの試合が終わった途端、みんな帰っちゃったので、待ってたほうがいいかなと思って。

オカダ 優しいですねえ、YOSHI-HASHIさんは。凱旋して次のシリーズとか、YOSHI-HASHIさんはどんな感じでしたか？

YOSHI いやもう、自分は帰ってきてからも最初の頃は、足に宙が浮いてたので……。

オカダ それは「足が宙に浮いてた」ですね。なんですか？　足に宙が浮いてたって（笑）。

YOSHI　エヘヘヘ（うれしそうに）。まあ、若手時代と同じですけど、オカダに妬みとかはなくて、「自分ももっとがんばらないとな」っていうのは思ってましたよ。

オカダ　でも、YOSHI‐HASHIさんとは一緒にIWGPタッグにも挑戦できましたし（14年9月21日、神戸）、まだまだふたりのタッグもこれからだなって思いましたね。

YOSHI　まあ、いまの自分があるのはCHAOSのほかのメンバーのサポートのおかげっすよね。自分ひとりじゃどうこうならないし。

オカダ　みんながそうやってサポートしたくなるところが、YOSHI‐HASHIさんのよさなんだと思いますよ。なんだかんだ、みんなYOSHI‐HASHIさんのことが好きですから……。YOSHI‐HASHIさん、イメージアップに協力したんで、あとでジュース買ってください（笑）。

YOSHI　へへへ。あ、俺さ、またこの前、自動販売機でジュース当たったんだよ。ここ最近、立て続けに2本当たってて、また今度は……。

オカダ　YOSHI‐HASHIさん、その話は広げなくて大丈夫です（笑）。

YOSHI　ああ、ごめんなさい。へへへ。

オカダ　じゃあ、YOSHI‐HASHIさん、最後に『オカダの部屋』に出た感想を聞かせてくれますか？

YOSHI　いやあ、こうやって入門してからの話なんかしたことなかったから、いろいろ思い出させてくれたというか、初心に帰った気持ちになれたっす（ニッコリ）。

オカダ　じゃあ、僕にギャラを払ってください。

YOSHI　ええ？　コッチが出演料を払うの、コレ？

オカダ　冗談ですよ、フフフ。

YOSHI　そうだよね、へへへ。

［第2回ゲスト］

オカダ・カズチカ × 邪道

「プロレスって音楽とかお笑いと一緒で、
観る側の感情を揺さぶるジャンルだろ？
そこにやり甲斐があるよな」

［収録日 2014年10月］

これまでインディー団体から新日本プロレスまで、さまざまなプロレス団体を渡り歩き、業界の酸いも甘いも知り尽くした“レスリングマスター”邪道。その独自のプロレス哲学、相棒・外道への思い、そしてとどまることを知らない“ももクロ愛”などなど、レインメーカーが“CHAOSのご意見番”の本質にとことん迫る!

邪道(じゃどう)
1968年9月28日生まれ、東京都出身。88年にTPG(たけしプロレス軍団)に加入。89年にオランダでデビューし、以降は外道と共にユニバーサル・プロレスリング、WAR、FMWと、さまざまな団体に参戦。新日本プロレスには01年から登場。03年10月にIWGPジュニアヘビーを戴冠し、IWGPジュニアタッグは外道と共に最多通算防衛回数(15回)を誇る。ももいろクローバーZの大ファンとしてもおなじみ。178cm、99kg。

「プロレスは仕事以外の何ものでもないよ」（邪道）

オカダ　（唐突に）ル〜ルル、ルルルル〜ルル♪（『徹子の部屋』のＢＧＭを口ずさむ）。

邪道　……この企画、こんなユルい感じなの？

オカダ　（無視して）今回はよろしくお願いします、外道さん。

邪道　オイ、誰が外道だよ！　おまえ、わざと言ってるだろ？

オカダ　フフフ。というわけで、まずはプロレスについて邪道さんに聞いていきたいな、と。

邪道　どうぞどうぞ。まあ、マジメになんか答えられないけどね！

オカダ　大丈夫です、そもそも邪道さんにはマジメがないじゃないですか？

邪道　なんだよ、「マジメがない」って！

オカダ　そもそも、大ベテランの邪道さんにとって……。

邪道　え、俺ってもう、大ベテランなの？

オカダ　それはもうキャリア25年ですから。そろそろ、辞めてもいい頃合いというか（笑）。

邪道　おまえ、言ってくれるねえ（笑）。いやまあ、そうだよ。世間一般のアスリートで、俺ぐらいの年代で活躍してるのなんて、中日の山本昌《やまもとまさ》ぐらいなんじゃないの？　まあ、飯塚高史もいるか（笑）。あ、でも、（獣神サンダー・）ライガーもだな。あの男なんて、もういくつだよ?
オカダ いや、僕とそう変わらないですよ。1989年生まれって見たことあります。
邪道 それはおまえ、ライガーとしてデビューした年じゃねえかよ!
オカダ え、違うんですか? 89年だから小松なんかと同い年くらいかと思ってました(真顔で)。
邪道 おまえ、ワザと言ってるだろ?
オカダ フフフ。そんな大ベテランの邪道さんから見て、プロレスとはいったいどんなものですか?
邪道 プロレス? 仕事だよ、仕事! 俺にとっちゃ仕事以外の何ものでもないよ。
オカダ イッツ・マイビジネスだ、と。
邪道 ほら、よくレスラーに憧れてこの世界に入って、いつまでも「夢叶えた」みたいなヤツとかいるじゃん? 違うんだよ、俺には夢とかじゃなくて仕事なんだよ。
オカダ どこから仕事になったんですか?
邪道 ん? それはもう、入ったときからだよ。「コレでメシを食う」って思ったときから。そもそも、普通の仕事はできないと思ってたしな。俺、サラリーマンは無理だろ? そう思わない?

オカダ　いや、そんなことないですよ。なんか、「レスラーは普通の仕事ができないからプロレスをやってる」みたいなのは、よくないと思います。

邪道　まあ、俺だって本心は違うぜ？　普通の仕事ができないからレスラーになったんじゃなくて、レスラーになりたくて、普通の仕事を選ばなかっただけで。俺は仕事としてレスラーを選んだんだよ。

オカダ　おお、なんだか職人っぽくてカッコいいですね。

邪道　普通の仕事に就かなかったってことでいうと、俺はいつも反対方向を向いてたからな。

オカダ　「反対方向」ですか？

邪道　そうそう。人に「レスラーになんかなれない」って言われたからこそ、レスラーになったし。レスラーになってからもずっと反体制だしな。本隊サイドになったことなんて一回もないよ、生まれてこのかた。

オカダ　じゃあ、ここらでガラリとベビーフェイスになりますか？

邪道　ああ、意外とおもしろいかもな。

オカダ　現役最後の記念に。

邪道　オイ！　最後ってなんだよ！（笑）。シレっとコワいこと言いやがってコノヤロー。

オカダ　フフフ。では、邪道さんがプロレスラーを目指した理由を教えてもらえますか？

邪道　それはまあ、プロレスが好きだったからじゃないの？　自分ではなれる可能性もあると思ったし。当時はいまよりもレスラーになる敷居が高かったけど、俺は夢のためだったら苦労は苦労なんて思わなかったから。

オカダ　……邪道さん、名言の雨が降ってるじゃないですか（笑）。自分の本、出したほうがいいんじゃないですか？

邪道　あ！　俺、おまえの本、読んだよ。「人生がカネにまみれてなんたら」ってやつ。

オカダ　『人生に金の雨を降らせる黄金律（レインメーカールール）』ですよ！　でも、邪道さんも本出せそうですよね。

邪道　まあ、俺もいずれは、って思ってるんだけどね、邪道&外道で。……売れねえかな？

オカダ でも、25周年のDVDは出てるわけですし、なんでも25周年ってつければ売れますよ。

邪道 おまえ、言いかたにトゲあるな……。

オカダ じゃあ、上巻・下巻みたいな感じで邪巻・外巻でいいじゃないですか。

邪道 お〜、それ、いいじゃん！　でも、売れないだろうなあ……。

オカダ まあ、そうでしょうねえ。

邪道 「そうでしょうね」じゃねえよ！　おまえ、出てくれよ。本の内容の半分、おまえとの対談にしたら売れんじゃねえの？

オカダ 邪巻と外巻、どっちですか？

邪道 両方、両方。

オカダ じゃあ、ギャラは2冊ぶんですね（ニヤリ）。

邪道 まみれるねえ、カネに（笑）。

「僕と外道さんの関係はどう見えてます?」(オカダ)

オカダ　では、邪道さんが考えるプロレスの魅力を教えてください。

邪道　プロレスの魅力?　まず、プロレスって音楽とかお笑いと一緒で、観る側の感情を揺さぶるジャンルだろ?　そこはやり甲斐があるよな。あとは、プロレスって基本的に言葉は必要としないじゃん?　試合に字幕がいらないって部分では世界に共通する娯楽なんじゃないの?　だから、いい仕事だと思うけどな。

オカダ　昔から「プロレスラーはカバンひとつあればいい」って言いますもんね。

邪道　そうそう。

オカダ　僕の先生であり、デビュー戦の相手でもあるネグロ・ナバーロも、小さいリュックサックひとつで日本に来てましたから(笑)。

邪道　俺、ナバーロとは何回も試合やったよ。

オカダ　ナバーロさん、「オカダのほうが邪道よりも強いな」って言ってましたよ。

邪道　ウソつけよ!　おまえ、チョイチョイ適当なこと挟んでくるな(笑)。あとは何が聞きたいの?

オカダ　そうですね。引退した邪道さんから見て……。

邪道　引退してねーし！

オカダ　フフフ。邪道さんから見て、いまの新日本の盛り上がりをどう捉えていますか？

邪道　やっと、時代が追いついてきたんじゃないの？　オカダ・カズチカに。ほら、俺はいま、ケガで欠場してるけど巡業には帯同してるじゃん？　……誰がお荷物だよ！

オカダ　言ってないですよ（笑）。まあ、ホテル代はもったいないですけど。

邪道　おまえ、いまの新日本がそんなケチくさいこと言わねーよ！　で、コッチは1試合目から観てるじゃん？　やっぱ、おまえが出てくると違うんだよな。

オカダ　ホントですか？

邪道　ホントだよ。空気が変わるっていうか。そこは棚橋（弘至）じゃないんだよ。棚橋は棚橋で人気があるんだけど、おまえはまた違うんだよ。会場で最初に対戦カードを発表するときも、オカダの名前が出たら拍手がすごいもんな。

オカダ　フフフ。

邪道　まあ、そうじゃなきゃ困るんだけどさ。たしかにその土台を作ったのは先輩連中かもしれないけど、最後に花を咲かせたのはオカダだよな。

オカダ　じゃあ、話をまとめると、最終的にすごいのは僕ってことで（ニヤリ）。

邪道　まあ、そうかもしれないな。そうかもしれないです。

オカダ 急に敬語になりましたね（笑）。
邪道 みんながメシ食えてるのもオカダのおかげってことか。
オカダ 邪道さんが欠場中なのに巡業に帯同できるのも僕のおかげです。
邪道 ……そうかもしれないです。
オカダ 邪道さんは新日本が苦しい時代も経験されてますけど、その頃と比べるといまは会場の雰囲気も違いますか？
オカダ 全然違うよ！ なんか明るいもん、いまは。子どもと女のお客さんが多いし。
オカダ きっと、ももクロ効果ですね。
邪道 ……そこはそんなに関係ないんじゃねえのか？（笑）
オカダ でも、邪道さんを通してモノノフ（ももクロの熱烈ファン）が会場に足を運ぶこともあるんじゃないですか？
邪道 ああ、みたいだね。逆にももクロのライブに、俺のTシャツを着てくるモノノフとかもいるみたいだし。あとは……。
オカダ （さえぎるように）ももクロの話はあらためて聞くので、次の話題いっていいですか？
邪道 おまえからももクロの話題振ってきたんだろ！（苦笑）

オカダ　フフフ。さて、邪道さんは僕と外道さんの関係を見てどう思いますか？
邪道　関係？　べつにどうも思わないよ。
オカダ　寂しくないですか？　僕が外道さんを独占してるので。
邪道　それはまあ、おまえだって仕事だし。
オカダ　おふたりの兄弟の仲より、いまや僕と外道さんの絆のほうが深いかもしれないですよ？（ニヤリ）
邪道　なに、俺を嫉妬《しっと》深いキャラに仕立て上げようとしてんだよ（笑）。べつにおまえと兄弟がうまくビジネスとして成功してんだから、そこは「どうぞどうぞ」だよ。
オカダ　一部CHAOSのメンバーから「外道さんがオカダさんを甘やかしてる」って聞きますが、邪道さんから見てどうですか？
邪道　そりゃ、甘やかしすぎだよ。いろんなエピソードがあるだろ？　俺が控え室で噛みタバコやってたら、オカダがそれをマネして、差し入れで置いてあったカステラの底にくっついてる紙を口に入れて、クチャクチャやってたんだよな。そうしたら、たまたまそれを見た兄弟が、「何やってんだ、コノヤロー！」って、すごい形相で詰め寄ってきてさ（笑）。
オカダ　ありましたねえ（笑）。
邪道　まるで親が中学生の息子の喫煙を見つけたみたいになっちゃって。そうしたらオカダが「すみません、カステラの紙です」って（笑）。俺、あのときの兄弟には見ててちょっと引いたもん。

オカダ まあ、コッチの健康を考えて、なんですかね。前から外道さんには冗談交じりで「噛みタバコ、やりたいんですよね」みたいなことを言ってたんですけど、「おまえはダメだよ」って感じだったんですよ。それがあっての、カステラの紙だったので（笑）。

邪道 マジ、スゲー顔してたよな！　超過保護チックだよ。あとは石井が「暑い」って言ってても、オカダが「寒い」って言ったら、すかさず兄弟が「レインメーカーが体調崩したらどうすんだよ！　クーラー、消せ！」とかさ。まあ、この世界、カネになる商品は大切にしないといけないからな。いまの新日本、カネにならない商品はいないけど、そのなかでもオカダは一番の売れ筋だから。それにしたって、兄弟は過保護だとは思うけど（笑）。

オカダ フフフ。

「バスの中で屁をする犯人は、きっと兄弟だ！」（邪道）

邪道 じゃあ、おまえから見て、俺と兄弟の関係はどう映ってんだよ？

オカダ う〜ん…………。

邪道　ねえのかよ！（笑）
オカダ　いや、仲いいなとは思いますけどね。でも、すごく仲いいとかでもないじゃないですか？　程よい距離というか。
邪道　だから、熟年夫婦みたいなもんだな。話さなくてもわかるっていうかさ。
オカダ　倦怠期《けんたいき》っていうか、ケンカしたことはないんですか？
邪道　とくにないかなあ。
オカダ　でも、「オナラ、俺のよりくせえなあ」とかはありますよね？
邪道　いや、そんなの気にならないもん、俺。「ああ、オナラだね」みたいな。オナラなんか日常茶飯事すぎるから、空気と一緒だもん。
オカダ　オナラが空気ですか（笑）。
邪道　だって、屁をこくのなんてあたりまえすぎて、控え室でも誰も無反応だったりしない？　べつに「クセッ！」とかならないよな。
オカダ　クオリティが下がったんですかね？
邪道　なんだよ、屁のクオリティって（笑）。
オカダ　たまにバスのなかでも、いきなり「ブワッ！」て来ますけど、アレはけっこうキツイっす（苦笑）。

邪道　それ、俺じゃねえからな？
オカダ　ホントですか？
邪道　ホントだよ、俺じゃねえよ！　たまに移動中のときに窓開けると、臭いのとか入ってくるじゃん？　それじゃねえの？
オカダ　でも、田舎道とかならまだしも、高速でありますかね？（笑）。それに、バスの前のほうから「ブワ～」ってきますし。
邪道　そもそも、おまえはどこに座ってんの？
オカダ　僕はうしろから二番目ですね。
邪道　一番うしろは？
オカダ　ＹＯＳＨＩ－ＨＡＳＨＩさんと海野《うんの》さん（レフェリー）ですね。で、僕の前が中邑さん、通路挟んで横が石井さん。その前が三澤先生で。
邪道　あとは矢野くんがいて、さらに前に俺と兄弟か。
オカダ　で、「クサッ！」って窓を開けるのって、絶対にうしろのほうなんですよ。僕とか石井さんとか中邑さんがバタバタしだして。だから……。
邪道　俺に疑いの眼差しを向けんじゃねえよ！　犯人は言い出しっぺって言うだろ？
オカダ　……エッ？　僕ですか？（笑）

邪道　へへへ。でも、たしかにうしろのほうから「クサッ！」とか、窓を開けて風が入る「ゴーッ！」って音は聞こえてくるな（笑）。

オカダ　石井さんなんてアイマスクして見えなくても、すぐに窓が開けられるくらい、手慣れてますからね（笑）。

邪道　まあでも、犯人は俺じゃないけどね！

オカダ　じゃあ、外道さんですか？（笑）

邪道　うん、きっと兄弟だ。兄弟はバスのなかだと寝てるから、寝っ屁こいてんだな（笑）。

オカダ　そういうことにしますか（笑）。きっと、邪道さんはまだオナラについて話し足りないでしょうけど、べつの話題に移ります。

邪道　オナラが話し足りないってなんだよ！

オカダ　（無視して）ふだん、邪道さんと外道さんはどんな会話をしてるんですか？

邪道　え、何話してんだろ……。

オカダ　けっこう、一緒に移動とかしてますよね？

邪道　俺ら住んでるのも近所だから、ふたりでバスの集合場所まで行ったりしてるな。まあ、やっぱりプロレスの話をしてるのが多いんじゃないの？

オカダ　25年経っても、まだプロレスの話をしてますか？

邪道　するね。でも、自分たちの試合とかじゃなく、たとえば「YOSHI‐HASHIの試合、よくなったな」とか、「オカダのドロップキックはやっぱスゲーな」とか。
オカダ　ありがとうございます！
邪道　「あそこであぁ出すか」とか
オカダ　ありがとうございます！
邪道　「ガン・スタン（カール・アンダーソンの必殺技）をああやって切り抜けるか」とか。
オカダ　ありがとうございます！　アンダーソンとやったときに、相手の指が目に入ったんで、片眼つぶりながらドロップキックやりましたからね。
邪道　スゲーな、座頭市《ざとういち》みたいだな。
オカダ　ちょっと、言ってることがわからないです。
邪道　オイ！
オカダ　ちなみにプロレス以外で、邪道さんと外道さんの共通の趣味ってあるんですか？
邪道　あれだな、噛みタバコ。
オカダ　あとはオナラですか。
邪道　オナラが趣味ってなんだよ！
オカダ　あ、ウエイトもじゃないですか？

邪道　トレーニング？　なんか、それが趣味っていうのもヤだけどな、あたりまえのことだし。まあでも、たしかにウエイトの話はするか。
オカダ　「あの種目、ヤベー」みたいな感じですか？
邪道　なんだよ、「あの種目、ヤベー」って（笑）。でもまあ、おたがい、身体が悪くなってきたからさ（苦笑）。俺ら、腰がキツいからあんまり重いの挙げるのもできなくなってきてるし。
オカダ　もう、無理はしないほうがいいですよ。邪道さん、お疲れさまでした！
邪道　オイ、隠居扱いすんじゃねえよ！　あ、あと、兄弟の趣味でいうと、よくひとりで散歩してるだろ？
オカダ　散歩というか、ウォーキングです。
邪道　ドッチも一緒だよ（笑）。よく、30分くらいひとりでブラブラ歩いてるよな。俺はべつにそういう趣味はないけど。
オカダ　ふたりは性格的には違うところもあれば、似てるところもあるって感じですよね。
邪道　え？　どこが似てるの？
オカダ　オナラとか。
邪道　オナラはもういいよ！　なんだよ、性格がオナラって。
オカダ　フフフ。まあ、邪道さんのほうが大雑把って言ったらアレですけど。
邪道　ああ、たしかにな。兄弟のほうが人のことを気にするタイプだな。
オカダ　あとは外道さんのほうがちょっと大人っていうか。
邪道　俺のほうが怒りっぽいからな。
オカダ　外道さん、ふだんはあんまり怒らないですよね。
邪道　だから、噛みタバコのときにビックリしたんだよ（笑）。そういえば俺、ＹＯＳＨＩ－ＨＡＳＨＩに「僕が若い頃、よく邪道さんに怒られてました」って言われたんだけど、「おまえ、ＣＨＡＯＳになってからもよく怒られてんだろ！」っていうな（笑）。
オカダ　フフフ。

「俺と兄弟、どっちがカッコいい?」(邪道)

オカダ　CHAOSメンバーについても聞いていきたいんですけど、邪道さんから見て、最近の石井さんはどう映ってますか?

邪道　やっぱり下積みが長かったぶん、花開いてよかったんじゃないの? 俺と兄弟が26くらいのときにWARでメインを張ってた頃、アイツが新弟子で入ってきたんだけど、当時はべつに口なんかきいたこともないし。

オカダ　僕と、いまのヤングライオンみたいな感じですか?

邪道　いや、格差はもっとあったと思うよ。いまと比べれば昔のほうが上下関係も厳しかったからさ。アイツとしゃべるようになったのは新日本に入ってからじゃねえかな? だから、アイツに「昔、こんなことありましたよね」って言われてもあんまり覚えてないし。

オカダ　それは悲しいですね、記憶力の衰退。

邪道　オイ、ジジイ扱いすんなよ!(笑)。俺、兄弟よりは昔のこと覚えてるよ。アッチは昔、メキシコに行ったときのこととか全然覚えてないし。

オカダ　(小声で)歳ですかね?

邪道　小声で言うなよ(笑)。いや、歳とか関係なく、昔からそうなんだよ。

オカダ　過去にこだわらないタイプなんですかね？

邪道　そんなカッコいいもんじゃねえだろ。単なる物忘れだよ。

オカダ　いや、外道さんはカッコいいですよ。

邪道　え？　俺と兄弟、どっちがカッコいい？

オカダ　外道さんです（ニヤリ）。

邪道　……帰ろうかな、俺（笑）。

オカダ　フフフ。そう言わず、何か石井さんにまつわるエピソードをお願いします。

邪道　いや、載せられないのばっかりだから無理だろ（笑）。

オカダ　リング上とギャップがあるんですかね？

邪道　いや、ある意味、リング上と同じだと思うけど（笑）。

オカダ　フフフ。では、YOSHI‐HASHIさんについてはどうですか？

邪道　YOSHI‐HASHIかあ。べつにどうも思わないけどな（笑）。

オカダ　でも最近、YOSHI‐HASHIさん人気ってすごいじゃないですか？

邪道　なんで大人気なのか、それが不思議でしょうがないよ。

オカダ　まあ、癒し系ですから。

邪道　え？　ファンはプロレスラーに癒しを求めてんの？　なんか俺、レスラーがかわいいみたいに思われるのは好きじゃないんだけどな。

オカダ でも、外道さんも最近はそういう傾向ありますよ。

邪道 兄弟、その路線を狙ってんの？（笑）。でも、ＹＯＳＨＩ‐ＨＡＳＨＩの場合は狙ってるとかじゃなく、天然だろ？　アイツ、会話にならないときない？

オカダ ああ、そうですかねえ……。

邪道 「コイツ、バカだなあ」と思ったのが、岡山でタイトルマッチやったときに「ＹＯＳＨＩ‐ＨＡＳＨＩ、今日がんばれよ！　大一番なんだから」って声掛けたら、アイツ、なんて言ったと思う？　「いやあ、今日、暑いですねえ」だってさ（笑）。

オカダ たしかに会話になってないですね（笑）。

邪道 ふつう、「気合い入れてがんばります！」とかだろ？　なんだよ、「今日、暑いですねえ」って（笑）。あと、なんか腹が立つのが、ＣＨＡＯＳで一番下っ端なのにバスに乗るの、スゲー遅くない？　だいたいが出発時間ギリギリなんだよな。

オカダ ああ、たしかにそうですね（笑）。

邪道 ニコニコしながら「おはようございます」って乗ってくるじゃん？　「コノヤロー、顔じゃねえよ」って思うこと、何回かあるんだけど（笑）。

オカダ だいたい、ニコニコしてますよね（笑）。

邪道　アイツの険しい顔、見たことないだろ？
オカダ　ないですねえ。
邪道　緊張して目を見開いておかしな顔になってるか、ニコニコしてるかのドッチかだよな。
オカダ　そうですね、その2パターンですね。まず、怖い顔とかしないですから。
邪道　俺が控え室でYOSHI-HASHIのケツ触るときも、「ありがとうございます」ってニコニコすんだよな、アイツ。
オカダ　ケツ触るのもよくわからないですけど（笑）。YOSHI-HASHIさん、矢野さんに「怒りの表情を出せ」って、よく注意されてましたよね。
邪道　そりゃ、言われるよ。顔の表現力に乏しいんだもん。
オカダ　で、矢野さんはYOSHI-HASHIさんに怒った表情をさせて、それ見て笑うっていう（笑）。最近のYOSHI-HASHIさんの試合ぶりは、邪道さんから見ていかがですか？
邪道　タイミングはよくなったよな。お客さんの感情を自分でコントロールできるようになってきたっていうか。でも、まだまだだけどな。まあ、それも伸びシロがあるってことじゃないの？

オカダ　珍しく優しいというか、前向きな意見ですね。

邪道　まあ、どうでもいいけどね、YOSHI-HASHIのことなんか。

オカダ　バッサリですね（笑）。

邪道　でも、これからの新日本はオカダとかYOSHI-HASHIとかに稼いでもらわないといけないんだからさ。アイツにもがんばってほしいよな。

オカダ　僕とYOSHI-HASHIさんも、邪道さんと外道さんみたいになれるようにがんばります。

邪道　いいよ、そういうとってつけたようなのは（笑）。

「最近は飲むと寝てますよね？」（オカダ）

オカダ　では、邪道さんから見て矢野さんはどう映ってますか？　お店を経営したり、DVDを作ったり、たまにプロレスラーをやったり。フフフ。

邪道　プロレスより〝本業〟のほうが忙しいもんな、矢野くん。飲み屋のオヤジだから（笑）。

オカダ　矢野さん、試合ないときはほぼ店にいますよね。

邪道　そりゃいるだろ。本業なんだもん（ニヤリ）。

オカダ　邪道さんも矢野さんと同じくお酒好きですけど、最近は飲むと寝てますよね？

邪道　あ、気づかれてる？

オカダ　いや、けっこうな回数、眠りこけてるのを見てますよ。

邪道　しかも、俺の場合は「もう寝ようかな」とかじゃなく、いつの間にか「カクッ」って眠りに落ちてんだよな。歳のせいもあるのかもしれないな。

オカダ　病気かもしれないですね。

邪道　オイ、病人扱いすんなよ！　でも、そうかもしんねえなあ。

オカダ　やっぱり、ＣＨＡＯＳで一番お酒が強いのは矢野さんってことですかね。

邪道　そうなんじゃないの？　というか、べつに俺、酒は好きだけど酒豪って称号はいらねえから（笑）。最近、そこらへんで寝ちゃってるあいだに、いつか身ぐるみ剥がされるんじゃないかって、自分が心配だよ。

オカダ そこは外道さんに面倒みてもらってください（笑）。次は中邑さんについてはどうですか？

邪道 ……イヤァオ。

オカダ そうですか。

邪道 オイ、わかったのかよ？（笑）

オカダ （無視して）僕と中邑さんの『G1 CLIMAX』決勝はどうでしたか？

邪道 ああ、あれはすごい試合だったな。シチュエーションもよかったし。西武ドームのメインに上がるレスラーはふたりしかいないわけじゃん？ そこでCHAOSの二大エースが戦ってくれたっていうのは、涙が出てくるくらい感慨深いものがあったよ。最後のレインメーカーなんか、俺、控え室で泣いてたもん。

オカダ 僕もリング上から邪道さんが泣いてるの見えましたよ。

邪道 ウソつけ、控え室じゃ見えねえだろ（笑）。でも、ふだんは俺、人に涙なんか見せないから隠すのに必死だったよ。あれは今年一番泣いたね、ウン。CHAOSっていうユニットと共に、この時代に生きててよかったなっていうかさ。

オカダ そうですか……。邪道さん、まだCHAOSなんですね。
邪道 CHAOSだよ！
オカダ CHAOSのバスに乗ってるだけじゃないですよね？（笑）
邪道 誰がお飾りだよ、コノヤロー！ もうすぐ復活するよ。復活させてくれよ（苦笑）。
オカダ フフフ。話を戻して、邪道さんから見て中邑さんのパーソナル面はいかがですか？
邪道 プロレス以外の話でも盛り上がれるのが楽しいよね、車とかサーフィンとか。そういうのは聞いててもおもしろいしさ。まあ、控え室でちょこちょこっと話すくらいだけどな。
オカダ そもそも、CHAOSでそこまで仲がいいふたりっていうのも、いないですよね？
邪道 CHAOSにかぎらず、レスラー同士なんてそんなもんだと思うけどな。
オカダ それこそ仲いいのは邪道さんと外道さんくらいじゃないですか？
邪道 ああ、そうなのかもしれないな。オカダは常に話すようなヤツっている？ YOSHI-HASHI？
オカダ でも、オフとかじゃ会わないですからね。巡業中はお昼を一緒に食べたりはしますけど。
邪道 へえ！ 俺、昼はひとりだな。

オカダ いつでも声掛けてください。
邪道 わかった。……たぶん誘わないと思うけど（笑）。
オカダ フフフ。
邪道 でも、レスラーは人に誘われないかぎり、だいたいひとりでメシ食うもんなんじゃない？
オカダ いや、中邑さんはけっこう……。
邪道 ああ、中邑くんはひとりでメシ食うのが好きじゃないから。
オカダ YOSHI‐HASHIさんとか誘いますもんね。
邪道 俺、巡業中はけっこうひとりで焼肉とか行くよ。
オカダ いつでも声掛けてください。
邪道 わかった。……たぶん誘わないと思うけど（笑）。
オカダ フフフ。やっぱりご飯食べるときは、ひとりのほうが気楽ですか？
邪道 そうだな。自分の食いたいもの食って、自分の時間で行動できるし。
オカダ 僕は割と外でひとりメシは苦手ですけどね。ひとりのときはコンビニで買って、ホテルの部屋でって感じです。
邪道 そうなの？ なんで？

オカダ　なんか、「オカダ、寂しいな」って思われたくなくて（笑）。

邪道　そういえば俺、巡業中にメシ食いに行ったときに、たまたま同じ店で兄弟と出くわしたことあるよ。で、ふたりで一緒に食べたんだけどさ。

オカダ　そういうときはどっちがオゴるんですか？

邪道　いや、べつべつじゃねえかな。

オカダ　「今日は俺が出すよ、兄弟」「いやいや、兄弟、ここは俺が」みたいなのはないんですか？

邪道　ないね（笑）。

オカダ　もし、邪道さんが僕とご飯に行ったら、オゴってくれますよね？（ニヤリ）

邪道　それはそうだな。で、同じことをオカダも後輩にすればいいんだし。

オカダ　いや、僕は出さないです。後輩、誘わないですもん。フフフ。

邪道　カタい！　レインメーカーがカネにカタいこと言ってどうすんだよ（笑）。

「レインメーカーにも初々しい時代があったんだな」（邪道）

オカダ　邪道さんにとって、試合以外でＣＨＡＯＳにまつわる印象深いエピソードっていうと？

邪道 なんだろうなあ。俺とコズロフが焼肉屋で44杯ハイボール飲んだことかな？ コズロフのヤツ、鉄板の上にゲロってさ。もんじゃ焼きじゃねえんだから（笑）。コズロフはけっこう、トンパチだよな？

オカダ ロッキーのほうは少しお兄さん的な感じですよね。

邪道 まあ、ロマンティックボーイだから（笑）。

オカダ ああ、バラくわえるんでしたっけ？

邪道 そうそう。バラくわえて、ワイン持って部屋にいるっていう（笑）。だから、コズロフのほうがデタラメかな。見てておもしろいけど。

オカダ 僕、コズロフとはメキシコ時代に一緒だったんですけど、昔から変わらないですね。

邪道 たぶん、兄弟も俺のことを、そうボヤいてんだろうな。「兄弟は昔から変わらねえ、成長しねえ」って……。誰がコズロフと一緒だよ！

オカダ 何も言ってないですよ（笑）。メキシコでいうと、僕は邪道さんとも現地で会ってるんですよね。06年あたりに。

邪道 ああ、闘龍門のジムか。そのときはおまえの印象、あんまりないんだよ。とくにしゃべったりもしてないよな？

オカダ　してないですね。少し練習を教えてもらったくらいで。

邪道　あのとき、俺と兄弟の班の二手にわかれたんだよな。おまえ、俺のほうだったっけ？

オカダ　そうです、邪道さんに教えてもらいました。

邪道　なんとなく思い出してきたな、キッドもいたろ？

オカダ　キッドじゃなくて、ジュニアですね、フジタ〝Jr.〟ハヤト（みちのくプロレス）。

邪道　ああ、そうそう。大原（はじめ＝プロレスリング・ノア）もいたろ？

オカダ　よく覚えてますね。なのに、僕の印象はないんですか（笑）。

邪道　「ああ、大きいのがいるな」とは思ったけど、べつに試合をずっと観てたとかじゃないしなあ。そもそも、あの頃はおまえ、まだ10代とかだろ？

オカダ　18とかですね。そういえば、闘龍門の道場の横が試合会場だったんですけど、試合を終えた邪道さんに「シャワー、浴びさせてくれ」って言われたことがあったんですよ。

邪道　へえ、それで？

オカダ　僕が邪道さんを案内して、「上を回すとお湯、下は水が出ます」って説明したんですけど、「わかった……。上が水で下がお湯だな？」「いえ、上がお湯で下が水です」っていう、やりとりがあって（笑）。

邪道　それ、俺はワザとやってんだろ？

オカダ　でも、僕はコッチの説明が通じてないと思って、ドキドキしちゃって。もう一回、「上が水、下がお湯か？」って聞かれたんで、「いえ、上がお湯で下が水で……」って説明したら、すかさず「わかってるよ！」ってツッコまれたんですけど、あのときは「ああ、怒られた！」って思いましたねえ。

邪道　へへへ。まあ、新日本の選手が来て緊張してると思ったから、俺なりに和ませようとしたんじゃないの？

オカダ　でも僕、冗談と思えないくらい緊張してましたから。

邪道　レインメーカーにもそんな初々しい時代があったんだな。いまは逆に先輩をイジりやがって。

オカダ　フフフ。

邪道　おまえ、メキシコは何年くらいいたの？

オカダ　3年半くらいですかね。

邪道　楽しかったか、メキシコは？

オカダ　僕は楽しかったですけどね。

邪道　たぶん、オカダがいた頃のメキシコは暮らしやすくなってたんだよ。

オカダ　邪道さんがメキシコにいたのって、70年代とかでしたっけ？

邪道　俺、いくつなんだよ！　グラン浜田じゃねえんだから。

オカダ　フフフ。

邪道　俺がいたのは90年代前半だけど、まだまだファミレスもコンビニもなかったからな。だって、夜の試合が終わるとメシ食う場所がないんだもん。でも、闘龍門だと寮暮らしでメシもあるわけだろ？

オカダ　言われてみるとそうですね。なんか、メキシコのこと話してたら、ひさしぶりにアッチのタコスを食べたくなりましたね。

邪道　俺、メキシコのタコスはあんま好きじゃないんだよ。生地がやわらかいから。

オカダ　「タコベル」（アメリカにあるタコスのチェーン店）のほうがいいですか？

邪道　うん、「タコベル」。アメリカ人用にアレンジした固い生地のヤツな。

オカダ　まあ、タコスといえばＹＯＳＨＩ‐ＨＡＳＨＩさんですけど。

邪道　なんで？

オカダ　凱旋して間もない頃、敵に対して「目にタコス、突っ込んでやる！」とか、タコスを絡めてアピールしてたんですよ。

邪道　フーン……。アイツのことは「フーン」としか言いようがねえな（笑）。

オカダ　フフフ。

「どっちかが引退したら邪道&外道は終わりだから」（邪道）

オカダ　邪道さんはいま、リハビリ中なんですよね？（14年6月から同年12月まで、腰部脊柱管狭窄症に伴う坐骨神経痛で欠場）。でも、その話題はべつに触れなくてもいいですかね……。

邪道　オイ、ふつうにスルーすんなよ！（苦笑）。まあ、復帰へのゴールは見えてきてるよ。見えなかったはずのゴールが。

オカダ　おお。あとはドクターのOKが出ればって感じですか？

邪道　いや、決めるのは自分じゃないの？　医者がレントゲン写真見ながら、俺にこう言ったんだよ。「いろんなスポーツ選手のケガを見てきました。もし、現役を続けるなら車イスを覚悟してください」ってさ。だから、言ってやったよ、俺は。

オカダ　なんて言ったんですか？

邪道　「辞めるのは俺が決める。アンタじゃねえよ」ってな（ニヤリ）。「右に行くか左に行くか、そのドライバーは俺だ」ってことだよ。

オカダ　それは車イスの？

邪道　車イスじゃねえよ！　「ドライバーはこの俺で、おまえは助手席に座ってろ！」ってことだよ。ホント、シレっと怖いこと言うね、おまえは（苦笑）。まあ、冗談抜きで医者は現役続けるのをすすめなかったよ。でも、「俺の人生は俺で決める」って言ってやったから。

オカダ　邪道さん、カッコいいですね。それに対してドクターは？

邪道　こんなポーズしてたよ（お手上げのジェスチャーで）。

オカダ　それ、矢野さんのポーズじゃないですか（笑）。

邪道　へへへ。まあ、矢野くんみたいに顔は作ってなかったけど（笑）。

オカダ　そもそも、欠場の原因になった腰のダメージは、蓄積したものなんですかね？

邪道　そうだな、長い導火線があって、「シュ～……ドンッ！」って感じだよ。だから、仮に復帰してもまたすぐダメになるかもしれないし。復帰したら毎回毎回、いつ引退試合になってもおかしくないよ。まあ、レスラーは誰しもケガを持ってるもんだし、この仕事は常に危険と隣り合わせだからな。

オカダ　ちなみに邪道さんは最後に戦いたい相手とかいるんですか？

邪道　……いるよ（ニヤリ）。

オカダ　そうですか。

邪道　オイ、誰だか聞かねえのかよ！（苦笑）。まあ、俺と兄弟、どっちかが引退したら邪道&外道は終わりだから、最後はタッグでやりたいよな。

オカダ　相手は日本人ですか、外国人ですか？

邪道　まあ、日本人だな。

オカダ　外道さんですか？

邪道　だから、邪道&外道でやるって言ってんだろ！

オカダ　ロッキーとコズロフとですか？

邪道　だから、日本人とやるって言ってんだろ！　おまえ、わざとだろ？

オカダ　フフフ。

邪道　聞きたい？　俺が最後に戦いたい相手は……、グレート小鹿《こじか》&大熊元司《おおくまもとし》の極道コンビ

だ！（ドヤ顔）

オカダ　今のと同じボケ、外道さんも『新日本プロレス大作戦ＤＸ』（ＣＳ番組）で言ってましたよ（笑）。

邪道　あ、マジで？　ちょっと恥ずかしいな（苦笑）。

「邪道さんがももクロにハマったきっかけは？」（オカダ）

オカダ　では話題を変えて、モノノフとしての活動について聞きたいんですけど、そもそも邪道さんがももクロにハマったきっかけは？

邪道　なんか、年下の身体の大きい〝オカダ〟ってコから教えてもらったんだよ。

オカダ　フフフ。

邪道　いや、もともとその前からプロレスをネタにしてる女の子たちがいるっていうのは知ってたんだけど、オカダから「ももクロが熱いですよ」みたいに言われてさ。

オカダ　僕がアメリカから帰ってきた頃ですよね。

邪道　で、あのコらが俺たちみたいにバス巡業してるのをテレビで観たり、『ＣｈａｉＭａｘｘ』のＰＶを観たりして、ハマっていった感じかな。

オカダ　僕もアメリカにいた頃、ももクロがいまみたいにメジャーじゃない時期に、何かのきっかけでＹｏｕＴｕｂｅで観てからですね。口パクじゃないのに興味を持って。

邪道　なんてったって踊りが激しすぎて、連続でやる場合は３曲が限界って言われてるからな。ＭＣ挟まないと。

オカダ　邪道さん、ちゃんと自腹でももクロのＤＶＤとか買ってるんですよね。

邪道　もちろん！　そうすれば「（有安《ありやす》）杏果《ももか》（邪道の推しメン）がいいモノ食べられるのかな」とか思うし。

オカダ　ファンの鑑《かがみ》ですね（笑）。

邪道　でも、矢野くんの店とかでファンに「邪道さん、杏果さん好きなんですよね？」とか言われるんだけど、なんか微妙にニュアンスが違うんだよな。コッチはアイドルじゃなくてアーティストとして好きだから。

オカダ　そこは強調しておきたい、と。さて、邪道さん、そろそろお時間なので、最後に『オカダの部屋』に出た感想をお願いします。

邪道　いやもう、二度と来ないよ。

オカダ　いや、二度と呼ばれない、じゃないですか？（ニヤリ）

邪道　なんだよ、二度と呼ばねえって！　呼べよ、呼んでください。

オカダ　敬語になりましたね（笑）。普段、こうしてあらたまって、ふたりで話すこともないですよね。

邪道　そうだよな、そもそも歳も20近く離れてるしな。なかなか、貴重だったよ。

オカダ　邪道さん、ひょっとして今回は楽しかったんじゃないですか？

邪道　ふつうです。

オカダ　僕もです。

邪道　へへへ。

オカダ　フフフ。

［第3回ゲスト］

オカダ・カズチカ × 外道

「べつに俺はオカダに甘くないよ、
石井のヤローに厳しいだけ!
その理由は一晩考えないとわからない」

［収録日 2014年12月］

外道といえば、誰もが認めるプロレスの達人であり、オカダをCHAOSに勧誘した慧眼の持ち主。これまで、レインメーカーと共に二人三脚で新日本プロレスにカネの雨を降らせてきた。自分の才能を誰よりも早く見抜き、そしてサポートし続ける大先輩と、オカダが阿吽の呼吸でレヴェルの違うトークを展開する!

外道(げどう)
1969年2月20日、東京都出身。88年にTPG(たけしプロレス軍団)に加入。89年にオランダでデビューし、以降は邪道と共にユニバーサル・プロレスリング、WAR、FMWなどを経て、01年から新日本プロレスに参戦。C.T.UやG・B・H、そしてCHAOSと常にヒールユニットの参謀格として活躍する。その巧みなインサイドワークはプロレス界随一。現在はオカダ・カズチカのマネージャーとしても存在感を発揮。172cm、86kg。

「ごめん、ちょっと日本語が苦手で…ブエナスノーチェス」（外道）

オカダ　外道さん、このたびは『オカダの部屋』へようこそいらっしゃいました。

外道　なんだよ、急に他人行儀になって。まあ、とりあえずはブエナスノーチェス（スペイン語で「こんばんは」の意）。

オカダ　はい、ブエナスノーチェス（笑）。というわけで、今回は外道さんについていろんなことを聞いていきたいと思うんですが……。

外道　（さえぎるように）え、何？　コレ、ホントにおまえが司会やってんの？　『徹子の部屋』でいえば、徹子役なのか。

オカダ　そうですよ、徹子です。で、早速なんですけど、外道さんから見て今年の僕の活躍はどうでしたか？（ニヤリ）

外道　なんだ、俺のことを聞きたいって言っといて、いきなり自分のことじゃねえかよ（苦笑）。ていうか、『徹子の部屋』らしく、オープニングテーマ曲とか流せばいいんじゃないの？

オカダ　それ、邪道さんのときにやったんですよ。「ル〜ルル、ルルルル〜ルル♪」って。まあ、自分の鼻歌ですけど（笑）。

外道　あ、そうなの？

オカダ　あ、外道さん、この連載読んでないですね？　読んでないとギャラ出さないですよ。

外道　あ、すいません。読んでます。

オカダ　じゃあ、どんな内容でしたか？

外道　えっ？　いや、ちょっと俺、日本語が苦手で……ブエナスノーチェス。

オカダ　ブエナスノーチェス（笑）。

外道　で、なんだっけ、おまえの活躍？　いや、すばらしかったと思うよ、ホント。

オカダ　ありがとうございます！

外道　ちょっとIWGPヘビーは（高橋）裕二郎のヤローにハメられて落としたけども、『G1』は優勝したし……。

オカダ　しました！

外道　『プロレス大賞』のベストバウト（vs中邑真輔）は獲るし……。

オカダ　獲りました！

外道　IWGPヘビーの挑戦権利証も守り抜いたしな。あとはドームで棚橋のベルトを獲り返せば何も問題ないよ。

オカダ　獲り返します！

外道　ドーム自体は15年の話だけど、そこが14年の総決算でもあるからな。俺に言わせりゃ、そのドームを含めたうえで、14年のMVPを決めてほしいくらいだよ（14年のMVPは棚橋）。

オカダ　ああ、なるほど。

外道　要はドームって年始めだろ？　そうすると年末に賞を決める頃には、どうしても印象が薄くなるからさ。そうすりゃ、ベストバウトだけじゃなく、MVPだってレインメーカーが獲ってたんだから。ちょっと、言っとけよ、おまえ。

オカダ　え、僕がですか？（笑）。誰に言えばいいんですかね？

外道　そこは俺もよくわかんねえな……。「東スポ」の柴田《しばた》（惣一《そういち》＝現フリーライター）か？　でも、アイツはまず、あのズラを取ってもらわないと。

オカダ　それはべつに関係ないんじゃないですか？（笑）

外道　いや、腹割って話すんだから、隠しごとなんかされちゃ困るんだよ！　同じテーブルにつくのはそれからだ。偽りの姿で来られたって話にならねえよ。

オカダ　フフフ、アンダーソンを見習え、と。

外道　そうそう、カール・アンダーソンは敵だけど、頭だけは潔いからな（笑）。

オカダ　……で、どうでしたか？　僕の今年の活躍は？（笑）。
外道　あ、またそこに戻るの？（笑）。いや、すばらしかったよ。でも、あえて言うなら、14年の総決算はドームで見せるって話だよな。『G1』覇者がベルトを獲り返す、と。
オカダ　そういえば、いままでに『G1』優勝者がドームでベルトを獲ったことはないですからね。まあ、挑戦権利証のシステムは、僕が2年前の『G1』で優勝してからはじまったことなんですけど。
外道　おまえ、それ言っちゃったら、一回失敗してるみたいじゃないかよ。
オカダ　はい、してます！
外道　そんなことはべつにハキハキ言わなくていいよ！（苦笑）

オカダ　まあ、今回は同じ轍《てつ》は踏まないですから（ニヤリ）。逆に、棚橋さんの14年の印象はどうでしたか？
外道　そんなの、知ったこっちゃねえよ！　なんかやったか、アイツ？
オカダ　たしかに僕もそんなに棚橋さんの印象はないんですよね。前半にインターコンチのベルトを巻いたのが少し話題になったのかなくらいで。
外道　そんなもんだよ。どうせアイツはドームで終わるから！
オカダ　誰が終わらせるんですか？
外道　それはおまえ、レインメーカーだよ（ニヤリ）。
オカダ　フフフ、しっかり終わらせます。……で、僕の14年の活躍はどうでした？（笑）
外道　またかよ!?　おまえ、わざとだろ？
オカダ　フフフ。じゃあ、棚橋戦に向けた作戦会議をしましょうか。どうすれば、僕は棚橋さんに負けられると思いますか？
外道　え？　べつに負ける必要ないだろ、おまえ……。
オカダ　いや、逆に負ける要素なんか何もないんだろうなってことの裏返しですよ（ニヤリ）。
外道　そういうことか、フフフ。もちろん、俺だってそう思ってるし、作戦も何もねえよ。

強いていうなら、一方的にブチのめせってことだな！
オカダ じゃあ、外道さんから見ても、いまの棚橋さんに恐いところはないわけですか？
外道 強いていえばアイツのラッキーくらいか？ もう、それすらもレインメーカーには通用しないけどな！
オカダ フフフ……。で、外道さん。どうでしたか、14年の僕の……。
外道 （さえぎるように）そのフリはもういいよ！（苦笑）

「外道さんはいつCHAOSを抜けるのかなって」（オカダ）

オカダ でも、14年はCHAOSにもいろいろありましたよね、裏切りとか。
外道 あったな、しかもふたつも。
オカダ まずは福岡で裕二郎さんですか（14年5月3日・福岡国際センター）。そのあとすぐの横浜で、飯塚さんもウチを離れて（14年5月25日・横浜アリーナ）。まあ、僕はその流れで「外道さんはいつ抜けるのかな？」って思ってたんですけど（ニヤリ）。
外道 オイ、なんでコッチを追い出そうとしてんだよ！ 俺はCHAOSが居心地いいんだからさ。

オカダ いやあ、よく石井さんとケンカしてるんで、脱退の前フリなのかなって（笑）。

外道 いやいや、追い出すなら石井のほうだろ。あ、俺、そういうの得意だから！

オカダ じゃあ、僕は石井さんのほうにつきますね。

外道 おまえ、なんで俺じゃなくてアイツのほうにつくんだよ（汗）。

オカダ フフフ。実際、CHAOSが外道派と石井派にわかれたら、どっちが多いんですかね？

外道 そりゃ、俺だろ！　まずオカダだろ、あと兄弟。それに真ちゃん（中邑真輔）、YOSHI－HASHI。矢野ちゃんもだな。あとロメロとコズロフ。俺、自信あるよ！

オカダ いや、石井さんには残ってもらって、外道さんを追い出しましょうよ。

外道 オイ、俺に対して「外道さん、追い出しましょう」っておかしいだろ！　というか、なんで裏切り者の話から俺を追い出す話になってんだよ……。

オカダ そういえば昨日、CHAOSの修学旅行のDVDをひさしぶりに観てたんですよ。で、裕二郎さんも映ってるんですけど、もう違和感があるんですよね。「そうか、この人、CHAOSだったんだな」みたいな。

外道 たしかにな。あと、飯塚高史に関しては、俺は矢野ちゃんじゃないとコントロールできないと思ってるけどね。矢野ちゃんを超える猛獣使いはいないよ。

オカダ　そういえば僕、同じユニットだったのに、飯塚さんとは組んだことないんですよ。むしろ、タッグリーグで戦ったことはあるんですけど（笑）。

外道　まあ、だいたい飯塚高史は矢野ちゃん絡みの試合だったからな。

オカダ　その矢野さんなんですけど、14年は桜庭《さくらば》（和志《かずし》）さんと急接近しましたよね。というか、桜庭さんはＣＨＡＯＳなんですかね？（笑）

外道　桜庭和志？　いや、あの人はそもそもＣＨＡＯＳってチームを知らないだろ（笑）。誰がＣＨＡＯＳなのかわかってないと思うよ。たまに俺とかＹＯＳＨＩ－ＨＡＳＨＩが6人タッグで組むじゃん？　おそらく「あ、この人たち、矢野さんと同じチームなんだ」みたいな感じなんじゃねえのかな。

オカダ　じゃあ、僕がＣＨＡＯＳってことも知らないかもしれないですね

外道　そうだな、あの人はそんなタイプだよ（笑）。しかし、桜庭和志やらグレート・ムタやら、矢野ちゃんのネットワークはすごいよな。

オカダ　矢野さん、どこでも知り合いいますもんね。

外道　そうなんだよ、コミュニケーション能力がハンパないからな。

オカダ　矢野さんのパートナーが「Ｘ」って発表されると、どこか地方の社長さんが出て

きたっておかしくないですから（笑）。

外道 ホント、そうだよ（笑）。その社長が札束で相手引っぱたいたりしてな。

オカダ リング外に札束を投げて、相手に「拾ってこい」って言えば、リングアウトで勝てますよ、フフフ。あと、6月から欠場してた邪道さんが、12月に復帰しましたね。

外道 よかったよ。俺、もう試合できないのかなって思う時期も一瞬あったからさ。ホント、よかったよ。

オカダ ウゥッ……（といって涙ぐむポーズ）。

外道 おまえ、手で押さえてるの、目頭じゃなくて額じゃねえかよ！（笑）

オカダ ビスマルクです（笑）。でも、12月の復帰戦で邪道さんと外道さんがタッチしてるのをそばで観てたら、コッチもうれしかったですよ。今年は邪道外道さんの25周年のDVDも発売されましたしね。

外道 そうそう。ホッとしたよ、25周年イヤーに復帰できて。

オカダ 外道さんはDVD、どれぐらい売ったんですか？

外道 俺？　一枚も売ってない（笑）。まあ、敏腕プロデューサーがいるからな。

オカダ 矢野さん、巡業でメチャクチャ売ってましたよね。

外道 俺と兄弟より熱心だもん。ホント、日本一DVDを売るレスラーだよ。ウワサによると、棚橋の15周年DVDより、俺らのDVDのほうが売れてるらしいよ。
オカダ　やっぱりすごいですねえ、矢野さん。新日本で14年に一番売れたグッズも、CHAOSの修学旅行のDVDだって聞きましたよ。
外道　ヤバいな、YTR。プロデュースしてもらってよかったよ。
オカダ　YOSHI-HASHIさんのプロデュースだったらこうはいかないですよね(笑)。
外道　あのサルじゃ無理だろ～。だったら自分たちでやるよ（笑）。
オカダ　フフフ。

「石井のヤツ、後輩なのに先輩の俺に怒るんだよ」(外道)

オカダ　14年は石井さんがNEVER無差別級チャンピオンになりましたよね。
外道　ああ、そうだったな。でも、もうCHAOSから追い出すんだろ、アイツ？
オカダ　それなら先に外道さんでしょう。
外道　オイ、冗談でもやめろよ、おまえ……。
オカダ　フフフ。あと、石井さんは14年のプロレス大賞でも敢闘賞を受賞しました。外道さんから見て、石井さんの活躍ぶりはどうでしたか？

外道　まあ、リング上とリング外があれだけ違うレスラーも珍しいな。リング上はすばらしいのに、それ以外はデタラメだから、アレ。
オカダ　何か具体的なエピソードをお願いします。
外道　いや、言えないよ、怒られるもん。アイツ、後輩なのに先輩の俺に怒るんだよ。とっとと追い出したほうがいいよ、アレ。
オカダ　それなら先に外道さんです。
外道　だから、やめてくれっつうの……。
オカダ　フフフ。次、YOSHI-HASHIさんはどうでしたか？　14年は僕とIWGPタッグに挑戦したり、NEVERのベルトに挑んだりと、活躍の幅を広げたというか。
外道　まあ、あのサルも腕を上げてきたよな。
オカダ　いまや、地方でもすごい人気ですからね。
外道　CHAOSにとってはいいことなんじゃないの？　お荷物がひとり減ったっていうかさ。あとの荷物は俺だけか……、誰がお荷物だよ！
オカダ　僕、何も言ってないですよ（笑）。まあ、15年は僕とYOSHI-HASHIさんでIWGPタッグのベルトを獲りますよ。
外道　いいねえ。で、IWGPヘビーがオカダ、インターコンチが真ちゃん、NEVER

が石井……。

オカダ ジュニアヘビーは外道さんですね。

外道 いやあ、そこはどうだろう、兄弟じゃないの？　あ、兄弟はヘビー級か。

オカダ 邪道さん、ジュニアじゃないですか（笑）。

外道 そうなの？　この前、見た目はヘビーだったぞ？　アレでジュニアは納得いかないよ。今度、体重計持ってこようか。いまの兄弟、１３０㎏くらいあるだろ？

オカダ さすがにそんなにないですよ（笑）。次は外道さん個人のことを聞いていきたいんですが、まずは14年の３大ニュースを教えてください。

外道 ３大ニュース？　なんだ、３大ニュースって？

オカダ たとえば、邪道さんがケガで長期欠場して、それから復帰したとか。

外道 ああ。じゃあ、ふたつはそれにしよう。

オカダ 邪道さんでふたつカウントですか（笑）。あとひとつは？

外道 まあ、25周年のＤＶＤが出たことじゃないの？　いや待て、すごいのがひとつあったぞ！

オカダ お、なんでしょう？

外道 オカダと一緒に嵐の映画に出た！（『ピカンチ・ハーフ』）。俺ら、演技したんだも

んな。

オカダ　外道さん、作品中で嵐のメンバーに名前呼ばれてましたよね。

外道　そうそう、櫻《さくら》井《い》（翔《しょう》）くんが「外道だ！」って。あ、もうひとつあったぞ！　上《うえ》島《しま》竜《りゅう》平《へい》さんと共演した（ドヤ顔）。

オカダ　それ、同じ映画じゃないですか（笑）。

外道　（無視して）それともうひとつあった！　イノッチ（V6の井《い》ノ《の》原《はら》快彦《よしひこ》）も見た。

オカダ　それも一緒です！　このくらいにしとかないと、CHAOS、追い出しますよ？（笑）

外道　はい、失礼しました。

オカダ　外道さん、北野武監督の作品にも出てますよね？

外道　ああ、出てる出てる。

オカダ　すごいですねえ。そんな外道さんが15

年にしたいことは？

外道 ウン？　役者として？

オカダ そんなこと聞いてませんよ（笑）。レスラーとしてですよ。引退ですか？

外道 いや、勝手に引退させないでくれよ……。

オカダ じゃあ、何がしたいですか？

外道 まあ、レスラーとしては「とくにありません」かもしれないな。

オカダ もうやることはやった、と？

外道 あ、でもＩＷＧＰジュニアのシングルは獲ってないな。兄弟は獲ってるんだけど。

オカダ 外道さんも獲りたいですか？

外道 いや、もうべつにいい（笑）。

オカダ 僕、タイトルマッチのときに乱入しますよ。そのときのジュニアの王者にレインメーカーをやったあとに、外道クラッチで丸め込むのはどうですか？

外道 そのシナリオ、悪くないねえ。じゃあ考えとくわ、自分の身体と相談しながら。

オカダ でも、乱入するまで持ちますかね？　すぐやられちゃったり（笑）。

外道 誰がすぐやられんだよ！

オカダ フフフ。ではあらためて、15年の目標は？　もう、身体の節制はやめちゃいましたよね？
外道　いや、やめてはないんだけどな。
オカダ　そういえば、前に「ドームまでにはすごい身体にする」って言ったと思ったら、すぐに「俺は試合ないし、裸見せないから、まあいっか」って撤回してましたよね？（笑）
外道　いいんだよ、俺はレインメーカーのパーカーを着るんだから。俺、レインメーカーの商品は誰よりも早く身につけるから。
オカダ　そうだ、15年は外道さんTシャツ出しましょうよ。26周年の。
外道　26って、なんか中途半端だな。じゃあ、おまえがカッコいいの考えてくれよ。オカダデザインの外道Tシャツ。コレ、売れるんじゃねえか？
オカダ　売上げはほぼ、僕がもらう形でOKなら（ニヤリ）。
外道　ダメだよ！　じゃあ、オカダは名前だけ貸してくれよ。デザインはゴーストライターに頼むから。
オカダ　14年に流行ったゴーストですか。ゴーストがバレたら、号泣しながら会見しますか？（笑）
外道　お、号泣議員か。じゃあ、俺の15年の目標はSTAP細胞の発見にするわ（ニヤリ）。
オカダ　割烹着《かっぽうぎ》を着てお願いします、フフフ。

「じつは最初、外道さんと話すときに緊張してました」(オカダ)

オカダ　外道さん、僕とはじめて会ったときのこと覚えてます？
外道　え、メキシコだろ？
オカダ　そうです、闘龍門のジムで。ちゃんと覚えてるんですね。
外道　オイ、おじいちゃん扱いすんなよ。おまえ、あの中じゃダントツで背が高かったからな。闘龍門は小さいヤツばっかだと思ってたから、「こんなデカいヤツいるんだ。コイツのこと、どうするんだろ？」って思ったのを覚えてるよ。
オカダ　フフフ。
外道　でも、ウルティモ・ドラゴンはちゃんと将来性を考えて、新日本に入れたもんな。あの人は賢いよ。
オカダ　そうですね。まあ、校長（ウルティモのこと）からは最初、「〝動けるジャイアント馬場〟になれ」って言われてましたけど（笑）。
外道　まあ、ここまで存在がビッグになったんだから、よかったじゃないの。
オカダ　僕、あの初対面のときの外道さんのこと、あんまり覚えてないんですよね（笑）。
外道　オイ、普通はおまえのほうが覚えてるべきだろ！　あの頃は俺のほうが明らかに有名なのに……。

オカダ　いやあ、ロクに会話もしてないはずですから。たしか、邪道さんと外道さんがジムに来て、「ウェイト、教えてやるぞ」みたいな感じだったんですよ。で、ふたつにグループ分けして、僕は邪道さんのほうだったので。

外道　ああ、そうだったっけ？　でも、あのときはいろんなヤツがいたよな。KENSO（フリー）とか浪口《なみぐち》（修《おさむ》・フリー）、あとはフジタ〝Jr.〟ハヤトもいたし。

オカダ　野橋《のはし》（太郎《たろう》・みちのくプロレス）さんもいましたね。

外道　だから、闘龍門以外のヤツも結構いるんだなって思ったよ。

オカダ　外道さんから見て、その頃と比べて僕が変わったと思う部分はあります？

外道　試合については若手の頃から、コイツは将来すごくなるとは思ったよ。ただ、中身がどう変わったとかはわからないな。その頃は俺らもユニットが別だから、全然しゃべってないしさ。おまえがアメリカからドームに凱旋してからだよな、話すようになったのは。

オカダ　じつは当時、僕は外道さんと話すとき、緊張してました（笑）。

外道　え、そうなの？　それ新しいな、フレッシュな感じがする（笑）。いや、全然知らなかったわ。

オカダ　事務所や車でふたりきりになると、何話していいかわからなかったですし、すごく緊張してましたよ。それがいまとなっては……（ニヤリ）。

外道　オイ、たまにはフレッシュな気持ちを思い返してくれ（笑）。

オカダ　外道さんに対する態度が、僕の変わった部分かもしれませんね、フフフ。

外道　もはや立場が逆転したよ、いまは俺のほうが緊張してるから（笑）。あと数年したら、もっと変わるんじゃないの？　腫れものに触るっていうか、話しかけるにも「オ、オ、オ、オカダ」みたいな感じでさ。

オカダ　じゃあ、そうなることを目標にいきましょう。

外道　オイ、さみしいこと言うなよ。俺、さみしくなっちゃうよ。

オカダ　いや、それぐらい僕もビッグにならないと。

外道　まあ、それはそうなのかな。俺が話しかけづらいくらい、ビッグになってもらわないと。

オカダ　だから、外道さんとの距離は徐々に縮まっていった感じですね。「これくらいの冗談なら言っても怒られないかな？」みたいに、ちょっとずつ（笑）。でも、ＣＨＡＯＳって、そんなノリありますよね？

外道　ああ、あんまり縦の関係はないかもなあ。一応、あるにはあるけど、そこまで厳しくないし、石井のヤローなんか、コッチが許してないのにタメ口叩いてくるしよ。

オカダ　フフフ。そういえば外道さんって、普段は僕のこと、あんまり誘ったりしないですよね？

外道　だって、俺、酒飲まないしさ。

オカダ　僕も飲まないですよ。

外道　ウソつけ、おまえ、最近飲むじゃん。日本酒とか飲むじゃん。

オカダ　いや、それはケースバイケースです。飲まなくていいときは飲まないですから。

外道　ふうん。でも、ホントのこと言うと、おまえ、忙しいだろ？

オカダ　そんなことないですよ。あ、僕に気を遣いはじめてますね（ニヤリ）。

外道　あ、さっきの話の兆候が出てるな（笑）。いやでも、プロモーションやら取材やらあるわけだろ？　だから、声かけるのも悪いなって。

オカダ　休めるときは休みたいですね。僕、忙しいので、あんまり誘わないでください。

外道　さっきと言ってること違うじゃねえか！

オカダ　フフフ。でも、お昼ご飯とかは声かけてほしいですかね。

外道　お！　じゃあ、昼はこっちの時間に合わせてくれる？　俺、遅いよ。

オカダ　じゃあ、ダメです。

外道　バッサリかよ！　あ、俺の朝ごはんとおまえの昼ごはんで、時間合わせればいいん

じゃない？

オカダ　でも、僕、お昼はいつもＹＯＳＨＩ‐ＨＡＳＨＩさんと……。

外道　どっちだよ！

オカダ　僕たち、ＣＨＡＯＳカフェ部なんで。

外道　知らねえよ（笑）。まあ、そもそも俺は自分から誘うタイプじゃないんだよな。ひとりでも平気っていうか。

オカダ　僕、ひとりじゃダメなんですよ。でも、後輩の僕から外道さんには声をかけづらいので。

外道　え、俺に気を遣ってんの？　まだ、関係性はイーブンくらいだな（ニヤリ）。

オカダ　まあ、先輩でもＹＯＳＨＩ‐ＨＡＳＨＩさんにはバリバリ声かけるんですけどね（笑）。

外道　よかったよ、ＹＯＳＨＩ‐ＨＡＳＨＩと同列じゃなくて（笑）。

「え、俺がオカダに甘い？　逆に厳しいと思ってた」（外道）

オカダ　外道さんは完全オフの日は何して過ごしてますか？
外道　巡業中のオフとかじゃなく、私生活ってこと？　まあ、練習に行くかな。
オカダ　練習以外には？　たとえば趣味とか。
外道　俺、趣味ねえからなあ。あ、映画観るよ。家でCSの映画専門チャンネルに入ったから、いまはそれを観てるかな。
オカダ　いいですね。僕のウチにもそれ、入れてください。
外道　いやいや、自分で入れよ。アンテナとチューナー買って。
オカダ　いや、外道さんに買ってもらいたいです。
外道　いやいや、俺が入りかたを教えてやるからさ。
オカダ　いや、買ってもらって、月額料金も払ってもらいたいです。
外道　オイ、ちょっと待て。なんで俺がおまえのぶんも契約しなきゃいけないんだよ！
オカダ　外道さん、おカネにカタいですねえ。
外道　……すごい言いがかりだな（汗）。
オカダ　フフフ。いま観たい映画はなんですか？　『ベイマックス』ですか？

外道　俺、ああゆうのは好きじゃないんだよ。
オカダ　じゃあ、『アナと雪の女王』ですか？
外道　全然観たいと思わないよ。おまえ、わざと俺が興味なさそうなの言ってない？（笑）。俺が一番好きなのはギャング映画とか刑事モンだよ。ＣＩＡのヤツとかね。最近だと『ゼロ・ダーク・サーティー』がおもしろかったなあ。ウサーマ・ビン・ラーディンを捕まえるヤツね。
オカダ　へえ（気のない返事で）。
外道　あとは『ネイビーシールズ』な。これもビン・ラーディンを捕まえるヤツなんだけど。
オカダ　外道さん、ビン・ラーディンが好きなんすか？
外道　違うよ！　そういうジャンルが好きなの。
オカダ　潜入するようなヤツが。
外道　そうそう、ＣＩＡとか。
オカダ　じゃあ、『メタルギアソリッド』やってくださいよ、潜入するゲームですから。おもしろいですよ。
外道　俺、ゲームはやんないんだよなあ。

オカダ でも、外道さんが『進撃の巨人』にハマったのだって、僕がおもしろいって言ったからじゃないですか？　『メタルギアソリッド』、貸しますから。
外道 でもさあ、俺、ゲームってスーパーマリオとかでさえもやったことないんだぜ？
オカダ 『バウモン』（バウンドモンスターズ＝オカダと外道がCMに出演したブシモのアプリゲーム）、やってないんですか？
外道 正直に言おうか？　全然やってない（苦笑）。一回、おまえと『バウモン』のイベントでやったきりだよ。あのときも時間かかりすぎて、最後はスタッフがカンペで「ギブアップしてください」って書いてたくらいだから（笑）。
オカダ ゲーム音痴なんですね（笑）。でも、僕がおもしろいってすすめるモノは大丈夫ですから、『メタルギアソリッド』やってくださいよ。
外道 でも、本体がないんだよ。
オカダ 甘えずに自分で買ってください（笑）。甘えてるといえば、CHAOSのほかのメンバーから、外道さんが僕に甘いっていう声が出てますけど、どう思いますか？
外道 え、俺、甘いか？　逆に厳しいくらいかなって思ってたんだけど。
オカダ でもまあ、じつは僕個人も外道さんは甘いと思いますけどね。
外道 そうか？　周りのジェラシーなんじゃないの？　というか、だいたいそういうこと言って騒ぎ立ててるのは石井だよ！

オカダ　ああ。石井さんから邪道さんとか矢野さんに広がって、みたいな感じかもしれないですね（笑）。

外道　そうだろ。俺、アイツには厳しいもん。きっと、アイツが「俺には厳しいのに、オカダには甘くね？」って思ったんだろ。だから、俺はオカダに甘いんじゃない、石井に厳しいだけ！（キッパリ）

オカダ　外道さんが石井さんに厳しい理由は？

外道　それは一晩考えさせて。考えてみないとわからない。

オカダ　ハハハ（笑）。

外道　あれだろ？　石井はCHAOSでメシを食いにいったときに、俺が残ったメシをオカダじゃなく、アイツに食わせようとすることとか文句言ってんだろ？　そんなもん、当然だろ！　太ってるヤツは食うって、だいたい決まってんだから、食えるヤツが食えって話だよ。アイツ、朝昼抜いて、夜食うタイプだから。

オカダ　たしかにメチャクチャ食べますね。

外道　だから、コッチが「おまえだったら食えるだろ」って言うと、アイツは「俺は自分で食うのはいいんだけど、人に言われると食いたくない」とかひねくれたこと言うから、コッチも腹立って、だんだん当たりがキツくなるんだよ。

オカダ　外道さんに言わせると、石井さんが悪い、と。

外道　そうだよ！　アイツが悪いんだよ。アイツの態度が悪いから、コッチも心を鬼にして厳しくならざるをえない。だから、オカダに甘いって言われてる原因は、突き詰めると石井の態度が悪いからだ！

オカダ　じゃあ、僕自身は何も悪くないと。

外道　レインメーカーは何ひとつ悪いとこないよ。ダメだよ、自分を責めちゃ。

オカダ　やっぱり外道さん、僕には優しいですね（笑）。

「『ライバルはいらない』って思うようになりました」（オカダ）

オカダ　外道さんがCHAOS以外で注目している選手はいますか？

外道　俺はヤングバックスかな。あれは敵ながらあっぱれなチームだよ。

オカダ　アクロバティックなイメージが強いですけど、じつはフィニッシュ以外はそんなに飛んでないですよね。

外道　じつはそうなんだよな！　まあ、全体的な雰囲気がいいよ。

オカダ　じゃあ、ヤングバックスは〝あの外道さん〟が認めるタッグチームってことで。
外道　お、いいまとめかただね。俺はタッグの専門屋だからな（ドヤ顔）。
オカダ　そうですね、タッグしかないですもんね（ニヤリ）。
外道　オイ、トゲあるな。なんだよ、「しかない」って！
オカダ　だって外道さん、ＩＷＧＰジュニアのシングルは獲ってないじゃないですか？
外道　……。
オカダ　邪道さんはシングル獲ってますけど。
外道　……。なんか、スゲーみじめになってきたから、話題を変えてくれ（苦笑）。
オカダ　フフフ。では、新日本に参戦してから印象深い自分の試合は？
外道　う～ん……（熟考）。
オカダ　ないですか？「これは俺のすべてが出たな」みたいな試合。
外道　「すべてが出たな」はないな。常に「まだできる、まだいける」って思ってるから。
オカダ　思ってたら、こんな歳になっちゃいましたか？（笑）
外道　というか、思ってたら出せなくなっちゃった（苦笑）。でもね、プリンス・デヴィットとのシングルマッチ（13年7月5日）は個人的にすごい思い入れがあるな。
オカダ　ＩＷＧＰジュニアに挑戦した試合ですね、どのあたりに思い入れが？

外道　あれはおまえに無茶ぶりされた試合だから、準備期間が短かったんだよ。

オカダ　僕がデヴィットにIWGPヘビー挑戦をアピールされたんですけど、交換条件として外道さんの王座挑戦を突きつけて、実現した一戦だったんですよね。

外道　だけど、その短い準備期間のなかでやれることは全部やったからな、俺は。

オカダ　たしかに外道さん、すごく食事制限してましたもんね。

外道　あのときは2週間弱で6キロ絞ったからね！

オカダ　ちなみにあのデヴィット戦の一番の見どころはどこですか？（ニヤリ）。

外道　乱入してきたアンダーソンに決めたレインメーカーのドロップキック……、って言わせ

たいんだろ？（笑）

オカダ　フフフ。僕が外道さんの試合で印象的なのは、だいぶ前にWCWでやったクリス・ジェリコとの一戦ですかね。昔の外道さんって、意外と運動神経いいんですよね。

外道　「昔の」は余計だけどな……。

オカダ　当時、結構〝お肉〟もついてたじゃないですか？　でも、スパッとキレイな受身を取ってたりして。いまでもそうですけど、やっぱり受身の技術はすごいって思います。

外道　フフフ。まあ、昔はコーナーからラ・ケブラーダやったり、いろんなことしてたんだけど、段々必要ないなって思って、みんなやめちゃったよ。

オカダ　でも、それが一番いい形なんじゃないですか？

外道　そうだな、ムダなものを削ぎ落として。贅肉も削ぎ落としたしな（笑）。

オカダ　では、そんな外道さんから見て、いまの新日本にもっとカネの雨が降るためには何が必要だと思いますか？

外道　単純にオカダがもうひとりいれば、ダブルで降るよな。

オカダ　ああ。でも、僕も自分と並ぶライバルが必要って周りに言われてきましたけど、最近は「もう、いらないかな」って思うようになってきましたよ。ダブルじゃなく、ひとりがズバ抜けてたらいいんじゃないかなって。

外道　おお、頼もしいな！

オカダ　アントニオ猪木さんとかそうだったじゃないですか？　そのあとは長州・藤波、闘魂三銃士とか複数スター制になって、そういう流れがいまもあるというか。だから、僕がひとり、単独でズバ抜ければ問題ないのかなって思います。

外道　いやもう、すばらしいね！　俺、言うことなくなっちゃったよ。帰ろうかな（笑）。

「でも、あんまりしゃべるのがうまくなられても困るか」（外道）

オカダ　じゃあ、外道さん、もう1回いいですか？　もっと新日本にカネの雨が降るためには、何が必要だと思いますか？（ニヤリ）。

外道　ハイ、オカダがズバ抜けることです。

オカダ　フフフ。しっかり締まったところで、最後に『オカダの部屋』に出た感想をお願いします。

外道　まあ、自分でトークを回すのは大したもんだとは思うけど、まだ『徹子の部屋』には程遠いかな。徹子さんは回しかたがうまいから。

オカダ　え、そうですか？　けっこう、自由な感じがしませんか？（笑）

外道　いや、あの番組はゲストが主役じゃないからね。徹子さんが主役だから。

オカダ　じゃあ、僕も好き放題やったほうがいい、と？

外道　そうだな、それぐらいになったらやっぱり一流なんだよ。一流っていうのは、相手が合わさざるを得ないくらいになることなんだから。だから、レインメーカーにもいろんな場面で突き抜けてもらわないと。でも、あんまりしゃべるのがうまくなられても困るか。俺がいらなくなっちゃうな……。

オカダ　フフフ、大丈夫ですよ。たとえＣＨＡＯＳから追い出しても、またいつか『オカダの部屋』に呼んであげますから。次は外道さんが〝外道じいさん〟になったときに（ニヤリ）。

外道　え、このコーナー、そんな長寿企画になるの？　じゃあ、還暦祝いのときもここでやってくれよ。俺、１２０歳までは生きるつもりでいるから。

オカダ　外道さんが還暦だと15年後ですね。僕はそのとき、まだ42歳です。

外道　おまえ、15年経ってもまだバリバリの年齢じゃんかよ！

オカダ　いまの外道さんよりも若いですからね（笑）。

外道　ホント、ビックリだよ……。じゃあ、また15年後にお邪魔します（笑）。

［第4回ゲスト］

オカダ・カズチカ
×
矢野通

「オカダはプロレスのことだけ考えればいい。
でも、もし小銭儲けたくなったら相談しろ、
それで俺も儲かるから（笑）」

［収録日 2015年3月］

あるときはリングで“矢野ワールド”を炸裂させて対戦相手を翻弄。またあるときは実業家として商才を発揮。そして、またあるときはフルマラソンを難なく完走。この多彩な顔を併せ持ち、舌鋒鋭い先輩YTRに、レインメーカーはどう切り込むのか？ 「ブレイク!」なしのトークバトルがその火蓋を切る!

矢野通（やのとおる）
1978年5月18日生まれ、東京都出身。レスリングで数々の実績を残して、02年5月にデビュー。04年4月、金髪姿で酒を用いるヒールレスラーに突如変身。その後、G･B･Hを経て、09年4月に中邑真輔と結託し、CHAOSを結成。現在はその独創的なファイトスタイルで注目を集める。プロレス以外にもDVDやCDのプロデュース、そしてスポーツバー『EBRIETAS』の経営など、実業家としても辣腕を振るう。186cm、115kg。

「フルマラソンはマジ長かったよ、飽きるくらい（笑）」（矢野）

オカダ 今回の『オカダの部屋』は矢野さんにゲストで来ていただきました。よろしくお願いします、矢野さん。

矢野 いや、そもそも『オカダの部屋』っていうか、ココは俺の店（水道橋「EBRIETAS」）だから、『矢野の部屋』じゃん（笑）。

オカダ フフフ、『オカダの部屋』初の出張版ということで（笑）。では、まず2月22日に矢野さんが見事完走した「東京マラソン」について聞きたいんですが、そもそも走ろうと思ったきっかけは？

矢野 それはおまえ、ただ「おもしろそうじゃん！」って思っただけだよ。

オカダ いやあ、「おもしろそうじゃん」で42・195kmは難しくないですか？（笑）

矢野 そりゃ、そうだな（笑）。まあ、コレはマジメな話なんだけど、やっぱり店をやってると忙しくて、コンディション整えるのもしんどいんだよな。でも、それはレスラーとしてどうかって話だろ？ だから、何か理由つければ自分を追い込めるかなって思ったのも、きっかけのひとつだな。

オカダ ああ、そういう動機があったんですね。

矢野　それでマラソンがおもしろいなと思って、どうせ出るならビッグイベントのほうが話題にもなる、と。まあ、東京マラソンだとよくお祭り騒ぎで出るヤツとかいるじゃん？　結局、俺もアレと同じだよ、へへへ。

オカダ　それでもちゃんと完走するのはすごいですよね。

矢野　いや、めちゃくちゃキツいぞ、アレ！　学生の頃はガンガン走ってたけど、レスラーになるとランニングをやること自体、少なくなるじゃん？　足の運動やるにしてもスクワットとかさ。

オカダ　たしかに。今回、マラソンに向けてどんな練習しました？

矢野　そりゃおまえ、ただ走るだけだよ（笑）。

オカダ　まあ、そうですよね（笑）。たしかに巡業のオフとかでご飯を食べてホテルに帰ると、トレーニングウェアの矢野さんを見かけて、「練習してたんですか？」「ちょっと走りに行ってた」みたいなやりとりもありましたよね。

矢野　俺はマジメだからな（ニヤリ）。

オカダ　でも、最初は矢野さんが東京マラソンに出るって知らなかったので、「痩せようとしてるのかな？　それとも酒を抜こうとしてるのかな？」って思いましたけど（笑）。

矢野　そう思われても仕方ねえよな。俺も練習自体はヒッソリ、３か月前からはじめたから。べつにマラソンに出ること自体、「なんで最近走ってるの？」って聞かれなきゃ言わないしさ。

オカダ　僕も理由を聞いて、教えてもらった感じでしたね。で、完走した直後に（プロレスリング・）ノアの後楽園大会に出たのも驚きましたけど（笑）。

矢野　そうそう。マラソンが終わってから店に帰ってきて一杯飲んで、それから後楽園に向かってさ。

オカダ　じゃあ、完走祝いで一杯入った状態で試合したんですか（笑）。

矢野　へへへ。あのときは丸藤《まるふじ》（正道《なおみち》）選手のパートナーだったんだけど、事前に「X」として発表されてたから、コッチも〝X感〟を出そうと思って、店のお客さんに「もしかしてこのあと、ノアに出るんですか？」って聞かれても、「出ない出ない、ビールビール！」って言ってな（笑）。

オカダ　ああ、ビールは周りをあざむく意味もあったんですね。

矢野　だって、俺がマラソンから帰ってきて、ビール飲まなきゃおかしいだろ？　だから、べつに試合をナメてたとかじゃなくて、Xとしてどうあるべきかを考えての一杯だから。まあ、うまかったけどさ、ククク。

オカダ　勝利の美酒ですよね（笑）。でも、店のお客さんもまさか矢野さんがXとは思わ

なかったでしょうね。

矢野　店出るときは「ちょっくら銭湯、行ってくるわ」って、言って出ていったから（笑）。

オカダ　しかし、フルマラソン走ったあとに試合したレスラーは、世界を見渡してもいないと思います（笑）。

矢野　まあ、「アンタ、何やってんの？」って話だよな（笑）。

オカダ　いやあ、僕は鉄人だなと思いましたよ。

矢野　俺は衣笠《きぬがさ》祥雄《さちお》以来の鉄人だよ（ニヤリ）。

オカダ　キャッチフレーズを「矢野〝鉄人〟通」に変えたほうがいいですよ、〝ＹＴＴＲ〟に（笑）。僕も昔、陸上をやってたんですけど、最近は走りこむこともあまりないですね。

矢野　体重が１００kg超えると、そこまで長い距離を走ることもないよな。

オカダ そうですね、ヒザにも負担がかかってきますし。

矢野 まあ、フルマラソンはマジ長かったよ、飽きるくらい（笑）。

オカダ 練習ではどのくらい走ってたんですか？

矢野 一応、15㎞くらいって答えてるけど、実際は10㎞くらいかな（笑）。いや、なんか走ってるうちに「疲れた」っていうよりも「面倒くせえな」ってなっちゃうんだよ。

オカダ ハハハ。でも、練習で10㎞程度しか走ってないのに、フルマラソンを完走したのはさすがですね。

矢野 スーパーアスリートだからな（ニヤリ）。いや、最初は15㎞までは走って、そこからちょっと歩こうと思ったんだよ。そうしたら、走ってて「20㎞まではこのままいけるな」って思ってさ。だから、20㎞までは2時間半くらいでいってるんだよ。でも、20超えたってところで、面倒くさくなってきた（笑）。

オカダ まだ、半分しか走ってないのに（笑）。

矢野 それこそ、「あ、ハーフマラソンなら終わりじゃん」って思っちゃったんだよ（笑）。いや、走るとわかるけど、コレはマジでそう思うって！

「CHAOSにマラソン部でも作ります?」(オカダ)

オカダ　マラソンを走ってる最中、ハプニングとかありましたか?

矢野　ハプニングっていうか、走ってるうちに「あ、コレ、足の皮が剥けてるな」って感触があったんだよ。足の皮がグズグズ言いだしてさ(笑)。

オカダ　グズりはじめましたか(笑)。矢野さん、ツイッターで両足の皮剥けた画像をアップしてましたけど、アレはちょっと驚きましたね。

矢野　いや、グリップがついてる靴下を買ったんだけど、それが逆によくなかったみたいでさ。かなり、足がグズったね(笑)。だから、靴下は20kmくらいのところで脱いだんだよ。で、同走者がいたから、その人に持たせて。

オカダ　イヤな役目ですね(笑)。でも、靴下脱いだら大丈夫だったんですか?

矢野　まあ、履いてるよりはマシって程度だったけどな。

オカダ　でも、その状態でも42・195kmを完走するのはさすがですね。

矢野　フフフ、なんせスーパーアスリートだからな(ニヤリ)。ほら、俺ってけっこう計算きくだろ? だから、「ここまで走ったら、あとはどのくらいのペースで歩けばいい」とか、あらかじめシミュレーションはしてたんだよ。ウォーキングマシンでスピード感を把握してさ。

オカダ　身体に覚え込ませてたわけですね。

矢野　まあ、制限時間は7時間だったし、「このくらいの速さだったらいけるな」ってな。でも、「何分までにこの地点まで」って規定があるんだけど、35㎞地点が割とギリでさ（苦笑）。まあでも、終わってみれば完走して、そのあと試合までしたんだから、有森裕子《ありもりゆうこ》じゃないけど、我ながら自分で自分を褒めてやりたいよ（笑）。

オカダ　マラソンのメダリストみたいに（笑）。しかし、今回、ＣＨＡＯＳ内でも矢野さんのマラソン出場は話題にはなりましたけど、一緒に走ろうというメンバーはさすがにいなかったですねえ。

矢野　俺は今回でわかったよ。周りからは「アイツ、やっぱり変わってるな」って思われただけだった（笑）。でも、外道さん、来年走るみたいだぞ？（ニヤリ）

オカダ　それ、ホントですか？（笑）。矢野さんは今後も走り続けるんですか？

矢野　まあ、ぶっちゃけて言うと、俺は２０２０年の聖火ランナー狙ってるからさ、フフフ。

オカダ　東京オリンピックですか！　じゃあ、ＣＨＡＯＳにマラソン部でも作ります？（笑）

矢野　よし！　おまえも入るか？

オカダ　いや、僕はYOSHI‐HASHIさんとCHAOSカフェ部があるので（笑）。
矢野　なんだ、それ！　兼任でいいよ、兼任で。マラソンしてからカフェ行けよ（笑）。
オカダ　いやあ、ちょっと厳しいです（笑）。逆に矢野さんもカフェ部入りませんか？
矢野　俺はいいや、なんでYOSHI‐HASHIと優雅にコーヒーカップを傾けなきゃいけないんだよ（笑）。
オカダ　フフフ。じゃあ、矢野さんは来年も東京マラソンを走る、と？
矢野　いやあ、コレ、うかつに宣言すると出なきゃいけなくなるからな（笑）。乗らないよ、その手には（ニヤリ）。
オカダ　でも、マラソンもいろんな大会がありますよね。
矢野　ホノルルマラソンがいいって聞くんだよな……。なんだ、俺は走り好きか？（笑）
オカダ　え、好きになってないんですか？
矢野　全然だよ！
オカダ　もう一回、ランナーズハイを味わいたいとかは？
矢野　そんなん、ないない！
オカダ　足の裏がグズっただけですか？（笑）
矢野　そう、足の裏をこじらせただけ（笑）。そういえば、78歳のバアさんが走ってて、俺の同走者が「この人、プロレスラーですよ」って教えたら、「ウワ〜、ちょっと元気ちょうだい！」とか言って、いきなり抱きついてきちゃってさ。しかも、39kmくらいのところで（笑）。

オカダ ゴール直前のキツいときじゃないですか、むしろ自分が元気をわけてほしいくらいの（笑）。

矢野 だからさ、抱きつかれた瞬間、思わずいなそうと思っちゃったよ（笑）。

オカダ ハハハ、普段の試合じゃレスリングの技術出さないのに（笑）。

矢野 ホントだな（笑）。あとはゴール付近になると、沿道で「ヤノ・トー・ルー！」とかやってる人がいるんだけど、コッチはもう、それどころじゃなくてガン無視だった（笑）。

オカダ それもしょうがないですよね（笑）。

矢野 でもさ、マラソン走って「こりゃ、かなり痩せただろ！」って思って体重計ってみたら、1kgしか痩せてなかったからね（笑）。

オカダ ハハハ！ ビールを飲みすぎたんじゃないですか？（笑）

矢野 ああ、そうかも知れねえな、ククク。

「オカダはスターとして歩み続けるしかない」（矢野）

オカダ　矢野さん、最近のＣＨＡＯＳの各々の活躍について、何か思うことはありますか？

矢野　そうだな……、「とくにありません」だな（笑）。

オカダ　そんな寂しいこと言わないでくださいよ（苦笑）。そもそも、矢野さんは中邑さんと一緒にＣＨＡＯＳを立ち上げた張本人なんですよね。もう、現時点で結成から6年経ちますけど。

矢野　ああ、そんなになるのか。最初は割と武闘派のヒールユニットだったのが、オカダと中邑がいるから人気が出てきちゃってなあ。

オカダ　フフフ。最近の新日本の大会ポスターで、矢野さんがイスを持って怖い顔してたんですけど、「いま、全然違うじゃん！」って思いましたよ（笑）。

矢野　たしかに、いまや違和感あるかもな（笑）。最近のＣＨＡＯＳはＹＯＳＨＩ‐ＨＡＳＨＩも人気出てきちゃったからな、ついでに。

オカダ　ついでですか（笑）。

矢野　いや、アイツが本隊だったら人気出てないぜ？（笑）。まあでも、アイツはなんか、応援したくなるものを持ってるんだろうな。

オカダ　最近は外道さんの人気もすごいですよ、かわいいって。
矢野　はあ？　おまえ、名前が外道だぞ、外道？　人の道に外れた名前の人間がかわいいって、どういうことだよ！（笑）
オカダ　たしかに（笑）。ちなみに矢野さんはＣＨＡＯＳの結成当初、のちに自分がスポーツバーを経営したり、ＤＶＤのプロデューサーになったりすると思ってました？
矢野　全然！　俺はなりゆきに任せて生きてるから。
オカダ　じゃあ、もしかしたら5年後にはまた違うことしてるかもしれないですね。そのうち、ジム経営とかに乗り出してるかもしれないですよ？
矢野　あやしげな〝矢野メソッド〟とかな（ニヤリ）。「マラソン走ったら何kg痩せました」みたいな。まあ、１kgしか痩せてなかったんだけど（笑）。
オカダ　フフフ、矢野さんから見て、ＣＨＡＯＳが変わっていくターニングポイントってなんだったと思いますか？
矢野　まあ、このユニットの大前提として「好き勝手やる」っていうのがあって、その結果がいまの形になったとしか言いようがねえよ。メンバーの入れ替わりもあったけど、とくにオカダが入ったのはやっぱりデカかったんじゃねえか？　俺としてはＹＯＳＨＩ‐ＨＡＳＨＩがもっとがんばれば、ＣＨＡＯＳの新しい道ができるかもって思うけどな。アイツには、そのぐらいの気持ちでやってもらわないと困る、っていうのは言いたいね！
オカダ　矢野さん、よく控え室なんかで、ＹＯＳＨＩ‐ＨＡＳＨＩさんに「顔の締まりがない！」って言って、怖い顔させたりしてますよね。
矢野　でも、アイツに怖い顔しろって言うと、コロッケがマネする野口五郎みたいになるんだよ、目をパチパチさせて（笑）。
オカダ　たしかに（笑）。
矢野　やっぱり、レスラーである以上、怖さっていうか、最低限の威厳は必要だからな。俺は一般人に「おい、矢野！」って声かけられたら、「うるせー、コノヤロー！」って返すし、会場でも自分の店でも、ナメてるヤツにはそういう態度だから。そこがＹＯＳＨＩ‐ＨＡＳＨＩには欠けてる！
オカダ　この前、僕もノリで「ＹＯＳＨＩ‐ＨＡＳＨＩさん、コレ、捨てといてください」ってパシリみたいに頼んだんですよ。「なんで、先輩の俺が！」ってツッコミが返ってくると思って。そうしたら普通に「あ、いいよ」って言われちゃって（笑）。僕が「いやいや、冗談ですよ」って言っても、「いいよいいよ」って返されちゃったんで、なんか自分がただの悪いヤツみたいになって（笑）。
矢野　ククク！　レスラーはどっかで意地が悪くなきゃダメっていうか、殺伐としたもの

がほしいよな。まあ、YOSHI-HASHIに求めても難しいか（笑）。

オカダ　逆に、僕にアドバイスとかありますか？

矢野　いや、おまえはほっといても大丈夫だろ（笑）。やっぱり、オカダは若いって言っても修羅場をくぐってると思うし。中学卒業してメキシコ行ったんだろ？　その時点でバカだよ！（笑）

オカダ　ハハハ（苦笑）。

矢野　まあ、俺もレスリング漬けだったけど、それは親父にやらされてたわけだし。

オカダ　何さんでしたっけ？

矢野　オサム。あ、オサム、今日誕生日だ。

オカダ　お！　中邑さんと一緒ですね。

矢野　まあ、そのオサムに中学ぐらいまでボコボコにやられてたけど、そんな人間でも単身でメキシコ行こうなんてバカではなかったからな

（笑）。だから、オカダはその時点でほかとは違うし、プラス続けてるってことは、そういうことなんだよ。おまえ、プロレス、大好きだろ？

オカダ　そうですね、ずっと好きです。暇なときも映像を観ちゃう感じですから。

矢野　それに途中でプロレスを辞めるわけにもいかなかっただろ？　言いかた悪いけど、中卒で次に何やるかって話にもなるし。

オカダ　そのとおりですね、自分にはプロレスしかないって気持ちは強かったです。

矢野　そこで結果としてスターになったわけだから、オカダにとってプロレスがそういうものだったってことだし。これからもおまえはスターとして歩み続けるだろうし、歩み続けるしかない。それだけだよ。

オカダ　……（無言で目頭を押さえる）。

矢野　オイ、涙なんか出てねえだろ（笑）。

オカダ　フフフ、でもありがたいですね。外道さん、そんなこと言ってくれないです（笑）。

矢野　ククク。まあだから、いまプロレスの世界に入ろうとしてるヤツも、オカダみたいにすべてを捨てる気持ちで身を投じたほうがいいんだよ。俺が試合でレスリングを出さないのも、そういうことだし。

オカダ　過去に縛られないというか、あえて技術を捨てたんですね。でも、東京マラソン

では39kmあたりで使おうとしたんですよね？（笑）
矢野　それはおまえ、マラソンで俺に抱きついてこようとしたバアさんを、いなそうとしたってだけの話だろ（笑）。

「矢野さんはいつからブーイングなくなりました？」（オカダ）

オカダ　矢野さんは影響を受けたレスラーっていますか？
矢野　影響受けたレスラー？　まあ、だいたいのヤツは普通、この仕事に憧れてレスラーを目指したんだろうけど、俺の場合は入る前にプロレス自体、ほとんど観てねえからなあ……。入ってからでいえば、ヒロ斎藤さんや後藤達俊《ごとうたつとし》さんであり、邪道外道のふたりじゃねえか？　「この人たちのファイトは省エネだな」ってな、ククク。オイ、そんなこと言うと怒られるぞ！
オカダ　僕は言ってないですよ（苦笑）。でも、矢野さんの試合ぶりを観てると、なんとなくわかる部分はありますね。いわゆる巧い人たちというか。
矢野　なんかさあ、その「プロレスが巧い」って表現、好きじゃねえんだよな。「試合を動かしてる」って言ってほしいね（ニヤリ）。そもそも、俺、個人的にこういう話ってあんまり興味ねえんだよ。どこを目指してるかとか、自分が勝手に思ってればいい話だから。

オカダ それが矢野さん流のプロレス哲学ですよね。僕、矢野さんとはCHAOSになってから、『NEW JAPAN CUP』や『G1 CLIMAX』で試合させてもらいましたけど、対戦してみた感想はどうですか？

矢野 いや、やっぱり大したヤツだなって思ったよ。

オカダ ありがとうございます！

矢野 おまえは若い割に落ち着きがあるから、俺の〝幻惑〟にダマされない。

オカダ いやいや、ダマされてますよ。外道さんに誤爆しちゃいましたから（苦笑）。

矢野 あったな、そんなことも（笑）。でも、率直に言うとやりやすくはねえな、オカダとの試合は。まあ、おまえのほうがやりにくいかもしれないけど（笑）。

オカダ やりにくいです（苦笑）。やっぱり、試合をしていても最終的に矢野さんのペースになってるような気はしますね。いつ丸め込まれるかわからないというか。

矢野 へへへ。でも、俺としては同門対決って、そんなにおもしろいもんでもねえんだよ。だから、たまにでいいかな、たまにで。

オカダ 僕も矢野さんとはやりたくないって宣言しておきます（笑）。僕が矢野さんの試合で印象的なのは、東京ドームでやったロブ・ヴァン・ダム戦なんですよね（11年1月4

日）。

矢野　ああ、俺がポーズをパクった試合な（ニヤリ）。

オカダ　ＲＶＤからＹＴＲ、ですね（笑）。あのときは矢野さんへの歓声もすごくて。そういえば矢野さんって、いつからブーイングなくなりました？

矢野　いやもう、気づいたらって感じかな。でも、俺が思うに、いまの時代ってブーイングされるほうが逆に難しいからな。

オカダ　ああ、たしかにそうかもしれませんね。

矢野　たぶん、俺へのブーイングも徐々になくなっていって、決定的だったのはＲＶＤとやった年の『Ｇ１』かな。後楽園でやった棚橋戦で、相手にブーイングが飛んで、俺に声援が集まってな。まあ、ブーイングっていうのも、いつ誰に飛ぶようになるのか、わからねえっちゃ、わからねえからなあ。

オカダ　そのうち、僕にすごくブーイングが集まることもあるかもしれないですよね。逆に矢野さんにはさらにすごい大声援が集まって。で、ＹＯＳＨＩ‐ＨＡＳＨＩさんにはみんな静かになる、と（笑）。

矢野　いや、ＹＯＳＨＩ‐ＨＡＳＨＩのときはみんな、コロッケの野口五郎みたいに目をパチパチさせせんじゃねえのか？（笑）

オカダ　ハハハ（笑）。あと、矢野さんのお店についても聞きたいんですが、飲食店をやってよかったことは？

矢野　よくも悪くもファンの話を直に聞けることじゃねえか？　「あ、やっぱり、俺と同じことをコイツらも思ってんな」とかさ。まあ、言えねえ話が多いけど（ニヤリ）。

オカダ　フフフ。では、お店をやってきて、何かハプニングとかありましたか？

矢野　ハプニング……。いや、べつにここはハプニングバーじゃねえし（笑）。

オカダ　あ、違うんですか？（笑）

矢野　ちげえよ！（笑）。まあ、これはべつにハプニングってわけじゃないけど、プロレスファンじゃない人も普通に入ってくるんだよ。で、「え、お兄さん、レスラーなの？」とか言われて、普通に仲よくなって、最後に名刺もらったら有名な大学の教授とかさ。
オカダ　思いもよらない出会いとかがあるわけですね。
矢野　俺、頭いい人と金持ちに弱いからな、ククク。あとは地方の人がこの店に来て、逆に俺がその地方に行ったときに、会ったりすることもあるし。
オカダ　矢野さん、ホントに全国津々浦々に知り合いがいますもんね。じゃあ、そういう出会いが、いいハプニングというか。
矢野　そうだ、いいハプニングだな！　じゃあ、やっぱアレか、ウチはハプニングバーなのか（苦笑）。

「俺の中ではビール5杯までは休肝日だから！」（矢野）

オカダ　僕は矢野さんがお店をやるって聞いたときは、「ああ、そうなんだ。どんな感じになるのかな？」とは思いましたね。僕の周りには、ほかの仕事を掛け持ちでやってるレスラーがいなかったので。
矢野　まあ、だいたいの人間は「よくやるな」とは思っただろうな（笑）。コッチは試合ないとき、ほぼ毎日店に顔出してるわけだし。

オカダ　でも、「矢野さんなら、いろいろとうまくやるんだろうな」と思いましたよ。お店やる前からいろんな人脈を持ってますし。

矢野　でもまあ、なかなか難しいよ。

オカダ　経営はたいへんですか？

矢野　もう、やりはじめて2年半くらい経つけど、思ってもみないことが起きたりもするしな。

オカダ　僕には無理ですか？（ニヤリ）

矢野　いや、できるよ（アッサリ）。

オカダ　え、ホントですか？（笑）

矢野　ていうか、なんにしろ、まずはやってみないとわからないじゃん？　やってみて、そこから自分の思いつく範囲でできることをやって軌道修正していく、と。今度、格安で経営コンサルタントやってやるよ（ニヤリ）。

オカダ　ＤＶＤだけじゃなく店もプロデュースできるんですね（笑）。でも、僕自身はいまのところ、副業とかは考えてないですね。性格的にも目の前のプロレスのことしか考えられないというか。

矢野　おまえはそれでいいと思うし、それがいいと思うよ。でも、もし小銭儲けたくなったら俺に相談しろよ、それで俺も儲かるから（笑）。まあ、もともと俺は、ボーッとしてるのがイヤなタイプなんだよ。でも、こうやって試合もやって、店もやってたらそんなヒマなんかなくなるだろ？　まあ、いまは逆に慌ただしすぎてボーッとする時間がほしくなってんだけどさ（苦笑）。

オカダ　フフフ。矢野さん、ホントに休みないですもんね。僕もいまはイベントや取材でそんな感じですけど（苦笑）。

矢野　俺もおまえも売れっ子だな（ニヤリ）。オカダは家で飲んだりするの？

オカダ　いや、家では飲まないですね。巡業中、地方で矢野さんに誘ってもらって、何人かで飲みに行くくらいで。矢野さんって、ホントに休肝日ないですよね？

矢野　いやいや、ちゃんとあるよ！　あるけど、俺の中ではビール5杯までは休肝日だから、ククク。

オカダ　それ、普通の人が「今日は飲んだ」っていう量ですよ（笑）。やっぱり、アマレス時代から酒豪だったんですか？

矢野　ていうか、体育会系だから先輩がバカみたいに飲まそうとするんだよ。たとえば、ロックグラスに氷なしで満タンにした日本酒、焼酎、ウォッカをそれぞれ5杯ずつ、さらにレモンサワーとウーロンハイの大ジョッキ5杯ずつ、計25杯を30分で飲めって言われたりさ。まあ、なんとかクリアしたけどな。

オカダ　それ、たとえ水だとしても飲めない量ですよ（苦笑）。そういえば、前にすごい飲みかたをやらされたって言ってましたよね？

矢野　ああ、〝荒業〟な（ニヤリ）。紙コップの底に穴開けて、日本酒をつぐと滝みたく出てくるじゃん？　それを正座して上向いて飲むんだよ。俺、それでふつうに一升飲んだから。

オカダ　……矢野さん、飲み比べなら誰にも負けないんじゃないですか？（笑）

矢野　そういえば前にどっかの店で飲んでたら、ワケわかんないオッサンに「オイ、兄ちゃん、勝負するぞ！」って言われて、スピリタスっていう96度くらいのウォッカで飲み比べしたことがあったけど、あれはなかなかキツかったなあ。

オカダ　96度って、景気よく燃えそうですね（笑）。

矢野　で、一杯目を飲んだときに、相手が目をつぶりながら飲み干すっていうのに気づいたから、コッチは二杯目から全部飲まずに捨ててさ。そうしたらあたりまえだけど、あっという間にソイツ、潰れてたわ（笑）。まあ、こっちの作戦勝ちだろ（ニヤリ）。

オカダ　ハハハハ、飲み比べでも試合みたいにクレバーなんですね（笑）。

「矢野さんの誘いを断って、中邑さんと飲んでたら…」（オカダ）

オカダ　以前、僕が矢野さんからの飲みの誘いを断ったのに、そのあと中邑さんとサシ飲みしている写真をアップして、矢野さんにツッコまれるという事件が長野でありましたよね？（笑）

矢野　あったあった！　あったぞ!!　俺が飲みに行こうって誘ったら断られたんだよ！

オカダ　その節は失礼しました（苦笑）。あのときはほかに外道さんと石井さんもいたんでしたっけ？

矢野　そうそう！

オカダ　たしか、矢野さんの知り合いの家に泊まり込みで飲んだりするって話だったんですよね。それで「ホテルでゆっくりしたいので泊まりはちょっと……」っていうことでお断りしたんですけど。

矢野　まあ、そういう理由ならべつにそれは俺もなんも言わねえよ。実際に無理強いはしてねえし。ただ……な？（ニヤリ）

オカダ　……（苦笑）。違うんですよ、最初はホテルで休んでたんです。そうしたら、中邑さんから「居酒屋で焼酎が一本当たっちゃったから、一緒に飲むか？」って連絡があって、「じゃあ、行きます」って（笑）。

矢野　何が「違う」んだよ（笑）。

オカダ　いや……（苦笑）。

矢野　ククク ッ。

オカダ　ホント、何も考えずに、焼酎飲みながら「中邑さん、写真撮っていいですか？」って聞いて、撮ったヤツをツイッターに上げちゃって……。

矢野　おまえさ、普通はそこで「コレ上げて大丈夫かな？」って気づくだろ！　そりゃ、俺もそのツイートを見れば、「……アレ？」ってなるわな（笑）。

オカダ　もう、ツイートしたらすぐに矢野さんから「俺の誘い、断らなかったか？」っていうリプライがあって、「ヤバい！　そうだった！」って気づきました（苦笑）。いや、ホント、すみませんでした……。

矢野　べつにコッチもマジで怒っちゃいねえよ、断った理由もわかってるしな。ただ、「他人の家はちょっと……」って感じだったから、「神経質だね、オカダくん」とは思ったけど（ニヤリ）。

オカダ　いやまあ、ハハハ（タジタジ）。でもホント、それからツイッターで不用意な発言は気をつけようって思いましたね（苦笑）。

矢野　そうそう、スターは発言も気をつけねえとな！　俺のツッコミはいい戒めになっただろ（笑）。次、俺が「知り合いの家に行くぞ」って誘ったらどうするよ？

オカダ　それはもう……行かないです（笑）。

矢野　なんでだよ！　神経質だな、おまえは（苦笑）。あのデリケートな石井智宏でも他人の家の布団で寝たんだぞ？

オカダ　いや、僕、いびきがうるさいんですよ……。

矢野　そんなもん、気にすんなよ！　邪道さんなんてもう、いびきどころの騒ぎじゃねえんだから（笑）。

オカダ　ああ、なんとなく想像つきます（笑）。

「今度は邪道さんと荒らしに行ってやるよ（ニヤリ）」（矢野）

オカダ　矢野さん、どうやらこちらのお店、次の取材が入ってるらしいので、そろそろお開きにしたいな、と思うんですが……。

矢野　え、もう終わっちゃうの？　いいよいいよ、俺の店なんだから気にすんな！

オカダ　オーナーの強権発動ですね（笑）。じゃあ、最近ハマってるものを教えてもらえますか？　マラソン以外で（笑）。

矢野　ククク。なんだろうなあ、べつに集めてるモンとかもねえし。巡業のバスでマンガ読むくらいか？　ほら、コンビニで売ってる昔のマンガの総集編みたいな分厚いヤツ、あるじゃん？

オカダ　あとはパソコン、イジったりしてませんか？

矢野　ああ、それは店のＨＰを自分で管理してるからな。でも、それは趣味じゃなく仕事だし。

オカダ　さすがオーナーですね。

矢野　あと、最近はｉＰａｄでドラクエ４やってるぞ！　自分がガキの頃やってたゲームを懐かしむ、と。でもまあ、それぐらいか。

オカダ　じゃあ、趣味＝マラソンですね（笑）。

矢野　だから、べつにハマってねえから（苦笑）。いや、オカダが一緒に走るなら、またマラソン出るよ（ニヤリ）。

オカダ　いやいや、僕は42・１９５㎞走ったあとに試合なんかできないです（苦笑）。

矢野　まあ、普通はしねえよな（笑）。俺も夜の興行だったから出られたけど、昼だったら物理的に無理だもんな。

オカダ　いや、そのときはいったんコースアウトして試合やって、またマラソンに戻ればいいじゃないですか（笑）。

矢野　おもしろいな、ソレ（笑）。ちょっと考えとくわ、ククク。

オカダ　では、ホントに次の取材で時間が押してるみたいなので（笑）、最後に『オカダの部屋』に出た感想をお願いします！

矢野　まあ、サシでしゃべることもそうそうないし、楽しかったよ、ウン。じゃあ、今度はホントの「オカダの部屋」でやろうか（笑）。

オカダ　リアル『オカダの部屋』ですか（苦笑）。

矢野　だってコレ、俺の店でやってるんだから、『矢野の部屋』だろ！　邪道さんと荒らしに行ってやるよ（ニヤリ）。

オカダ　いやいや、ＣＨＡＯＳメンバーは出入り禁止で（笑）。次は矢野さんの実家でやりましょう、矢野さんのお父さんも同席で。

矢野 じゃあ、『オサムの部屋』か（笑）。いや、ダメだ！　アイツ、調子に乗って「連載させろ」って言いそうだから（笑）。

［第5回ゲスト］

オカダ・カズチカ × ウルティモ・ドラゴン

「オカダがはじめてIWGPを獲ったときに
俺にメールをくれたんだよな。
あの報告はホントうれしかったね」

［収録日 2015年4月］

プロレス界に多くの人材を輩出した闘龍門の“校長”ことウルティモ・ドラゴン。15歳で入門したオカダを育て上げ、新日本に送り込んだ張本人であり、自身もメキシコやアメリカのメジャー団体で活躍した、掛け値なしのビッグネームだ。やや緊張気味のオカダは、恩師である“世界の究極龍”と、いったいどんなトークを繰り広げたのか?

ウルティモ・ドラゴン
1966年12月12日、愛知県出身。87年にメキシコでデビュー。その後、ユニバーサル・プロレスリング、SWS、WARを経て、97年にWCWに登場。同年、闘龍門を設立し、CIMAやオカダ・カズチカをはじめ、多くのレスラーを輩出。03年にはWWEと契約。これまでIWGPジュニアヘビー級王座をはじめ、世界各国で幾多のベルトを獲得し、獣神サンダー・ライガーと並ぶジュニアのレジェンドとして、地位を確立している。172cm、85kg。

「選手の素質なんて最初の段階ではわからない」（ウルティモ）

オカダ　校長、おひさしぶりです。今日はよろしくお願いします。

ウルティモ　ウン、コッチこそよろしく（ニッコリ）。オカダと最後に会ったのはいつだっけ？

オカダ　たしか、焼肉屋で三遊亭圓楽《さんゆうていえんらく》師匠と一緒にお会いしたのが最後だと思います。去年の『G1』のあとですかね……。それにしても、校長にはいつお会いしても緊張しますね（苦笑）。今日はいつものようにはしゃべれないかもしれないです……、外道さんだと緊張しないんですけど（笑）。

ウルティモ　フフフ。

オカダ　校長、僕とはじめて会ったときのこと、覚えてないですよね？（苦笑）

ウルティモ　ウン、ちょっと覚えてないなあ。

オカダ　初対面は神戸の闘龍門の道場で面接していただいたときなんですけど。

ウルティモ　ああ、そうなんだ。あのとき、おまえと誰がいた？

オカダ　僕の同期は大原（はじめ）さん、松山勘十郎《まつやまかんじゅうろう》（大衆プロレス松山座）さんとかですね、闘龍門の13期生で。

ウルティモ　ああ、大原と同期なの？　大原のお父さんのことはよく覚えてるんだよ。どこかでメキシコにおまえたちを連れていく説明会みたいなことをやったときに、一番前の席に座って目立ってたから、「熱心なお父さんだな」と思って（笑）。

オカダ　保護者が記憶に残っている、と（笑）。では、僕のことを認識していただいたのは、次第にという感じでしょうか？

ウルティモ　そうだね。最初にオカダに対して持った印象は、背が高くて細かったから「昔の前田日明《まえだあきら》さんみたいだな」ってことかな。コッチは若いコをたくさん見てるから、裸を見ればそのコが将来どんな感じの身体になるか、なんとなくわかるんだけど、オカダは日本に帰ってからヘビー級として、唯一活躍できるコだなとは思ったよ。「なんでこのコ、ウチに来たのかな？」って思ったもん（笑）。

オカダ　ハハハ（苦笑）。

ウルティモ　オカダはリングネームも本名のままだったし、コスチュームも黒のショートタイツとリングシューズのストロングスタイルにしたのは、きっとヘンな色をつけず、地道に育てようと思ったからじゃないかな。

オカダ　ウルティモ校長は、選手たちにさまざまなキャラクターを与えてプロデュースされていましたけど、僕はわりとそのままだったというか。

ウルティモ　そうそう。まず、俺が考えるのはそのコがプロレス界でどうやったら活躍できるかってことなんだよね。たとえば勘十郎がオカダみたいにストロングスタイルやったところで大成はしないと思うし。

オカダ　適材適所を考えられているということですね。

ウルティモ　そういうことだね。まあ、オカダは入ったとき、まだ15歳で子どもだったし、特別に運動神経がいいとかではなかったんだよね。ほかにも運動神経がいいコはいたし。ただ、やっぱり身体が大きいのは魅力だし、武器なんだよ。運動能力は発達するけど、身長は伸びないから。

オカダ　親に感謝したいと思います（笑）。僕は最初、面接でウルティモ校長にお会いしたとき、マスクを被られていなかったので、どなたかわからなくて（苦笑）。で、「デカいな、高校行かないの？」「行きません」「じゃあ、おいでよ」って言われて、「こんな簡単でいいのかな？」とは思いつつ、ホッとしたのは覚えてますね。面接も1分くらいで終わったんで（笑）。

ウルティモ　フフフ。まあ、ウチはプロレス学校だから、普通のプロレス団体の入門試験とは違うというか、最初にパッと見て、よっぽど問題がなければとりあえずは入れるんだよね。いま、闘龍門出身の選手がいろんな団体で活躍してくれているから、人からはよく、

「校長は最初から選手の素質がわかるんですよね、すごいですね」みたいなことを言われるんだけど、そんなのわからないよ（笑）。

オカダ　校長、正直ですね（笑）。でも、それはそうですよね。

ウルティモ　ウン。やっぱり、徐々にどんな選手か、どういうところがセールスポイントなのか、わかってくるもんだしね。

オカダ　僕は最初、神戸で半年間練習してからメキシコに渡ったんですけど、神戸時代はミラノコレクションA.T.さんをはじめとする先輩がたに鍛えていただいて。

ウルティモ　へえ、そうなんだ？　ミラノにしごかれたの？

オカダ　まあ、しごかれたというか、僕が練習についていけなかったんですけど（苦笑）。で、メキシコに渡ってからは校長に週1、2回、練習をつけていただいていました。

ウルティモ　やっぱり、オカダは若いから練習すればするだけ、自分の貯金になっていったよね。俺、おまえには自分の身体を活かしたプロレスをやってほしかったから、ヘンにルチャには染まってほしくなかったんだよ。そういえばドロップキックって、俺が教えたんだっけ？

オカダ　いえ、どちらかというと校長には先輩とのスパーリングを見てもらうことが多かったですね。でも、ジャーマンは校長に言われてやるようになりました。

ウルティモ　あと、俺が教えたのは脳天唐竹割り？（笑）

オカダ　ハハハ、校長には「〝動けるジャイアント馬場〟になれ」って言われてましたからね（笑）。

ウルティモ　まあ、それはやっぱりヘンな色はつけないと言いつつも、やっぱりオカダは闘龍門の中では身体が大きかったから、小さくまとまらずにダイナミックな攻撃を覚えろっていうくらいの意味だったんだけどさ（笑）。

オカダ　校長にそう言われてから、馬場さんの映像を日本から送ってもらって研究しましたから（笑）。

ウルティモ　でも、あくまでコッチは基礎を作ってあげるだけで、あとは個人で考えたり、いろんな人のアドバイスもらったりして、自分のキャラは作っていくものだからね。レスラーって、みんな誰かのコピーから入ると思うんだよ、そこからどう変化していくか。結果的にオカダはいまレインメーカーとして、日本のプロレスを代表する選手になったんだから、すばらしいことだよ。

オカダ　ありがとうございます。校長がスパーのときによく、「プロレスは戦いなんだよ」っておっしゃっていたのが印象深いです。でも、当時は校長に「怒れ！」って言われても、その怒りかたがわからないというか。正直、「校長が言っていたのはこういうことだったのか」ってわかったのは、新日本に入ってからでしたね。

ウルティモ　ルチャ・リブレって、日本のプロレスに比べると〝怒り〟っていう感情表現が少ないんだよね。でも、オカダはいずれ、日本のメジャー団体に入れたいという頭はあったので、そういうことを伝えていたんじゃないかな。

オカダ　ありがとうございます！

「イタリアで校長とシングルをやらせてもらいました」（オカダ）

オカダ　校長は僕のデビュー戦（04年8月29日、ネグロ・ナバーロ戦）はご覧になってましたか？

ウルティモ たぶん、観てるんだけど、内容までは覚えてないなあ。俺がデビュー戦で記憶にあるのは、ストーカー市川（ドラゴンゲート）くらいだから（笑）。でも、オカダのデビューも俺がゴーを出してるんじゃないかな？

オカダ はい、そうでした。僕は入門してからデビューまで1年4か月かかって。

ウルティモ おまえ、当時は細かったからなあ。

オカダ あのとき、ほかの同期は5月デビューだったんですよ。で、これはちょっと自分で言うのもアレですけど、校長に「オカダは8月に別でデビューさせよう」って言われたのを覚えていて。相手も闘龍門のメキシコ道場でコーチだったナバーロさんでしたし、「目を掛けていただけてるのかな？」っていうのは思いました。

ウルティモ ああ、きっとカブらないようにしたかったんだろうな。くわしくは覚えてないけど（笑）。

オカダ 一応、「レベルが違った」ってことにしておいていただければ（苦笑）。

ウルティモ オカダはメキシコ、意外と馴染んでたんじゃないの？

オカダ そうですね。現地の友だちを作って、その家に出入りしたりもしていたので。

ウルティモ ウチ（闘龍門）に来るコって2パターンなんだよね。メキシコにすごくなじむか、全然なじまないかで。オカダが現地人と交流してるっていうのは、俺も耳にしてたし、大したもんだなと思ったよ。

オカダ　わりと僕は物怖じしない性格ではあるので……。でも、今日は校長に対して物怖じしてますけど（苦笑）。

ウルティモ　フフフ。俺の印象としては、当時のオカダはおとなしかったイメージはあるね。まあ、親と子ほど歳も離れてるし立場も違うから、気軽に話すとかそういう感じではなかっただろうけど。

オカダ　まだ16とかでしたからね。当時、闘龍門のジムには新日本からメキシコ遠征に来たレスラーたちが練習や指導に来てましたけど、校長は覚えてますか？

ウルティモ　え、メキシコに？

オカダ　はい、みんなでバーベキューとかもしたんですけど……（苦笑）。

ウルティモ　あれ、棚橋くんって来たっけ？

オカダ　来ましたね。最初に田口さんが武者修行でメキシコに来ていて、そのあとに棚橋さんと中邑さんが遠征のついでに立ち寄って。あとは、邪道さんと外道さんも来ました。

ウルティモ　そういえば最近、たまたま永田裕志《ながたゆうじ》と会って、WCW時代の話で盛り上がったよ。とりあえず、「日本では永田くんのほうが上かも知れないけど、WCWでは俺のほうがメジャーだった」ってカマしといたけど（笑）。

オカダ　校長は向こうのクルーザー級のベルトも巻かれてましたものね。

ウルティモ　俺が新日本の中でインパクトを感じたのは中西学《なかにしまなぶ》かな。なんかもう、考えてることのスケールが違うなって思ったね（笑）。

オカダ　何かエピソードはありますか？

ウルティモ　新日本のイタリア遠征に俺も参加したときに、あの男が「イタリアもけっこう、言葉通じるな」って言うから、「イタリア語、話せるの？」って聞いたら、「だって、コップの水持って人差し指を一本立ててると、もう一杯持ってきてくれるんですよ？　言葉、通じてるでしょ」って（笑）。

オカダ　それはべつに言葉が通じてるわけではないですよね（笑）。

ウルティモ　俺も「何言ってんだ、この人？」って思ったもん（笑）。そのイタリアのとき、中邑くんともご飯を食べに行ったんだけど、彼はレストランのメニューもちゃんとわかるんだよね。それに関心したのは覚えてる。

オカダ　中邑さん、さすがですね。

ウルティモ　彼は当時からいろいろとスタイリッシュというか、昔ながらの新日本の選手じゃないんだなっていうのは感じたかな。中邑くんも新日本でいろいろ背負わされてたいへんな時代もあったと思うけど、いまはようやくハジけたみたいでよかったね。

オカダ　中邑さんが言ってたんですけど、「ウルティモ校長は将来性を感じた若手を自分の付き人にしていた」と。

ウルティモ　ああ、たしかに「コイツは出世するな」ってヤツは傍に置いてたよ。運動神経がズバ抜けてた石森《いしもり》（太二《たいじ》＝プロレスリング・ノア）もそうだし、オカダのこともいろいろ連れてったよな？

オカダ　はい、アメリカやカナダ、イタリアにも連れていってもらいました。とくにイタリアは記憶に残ってます。

ウルティモ　あのときは1週間くらいいたから、イタリアの子どもたちを集めてレスリングキャンプもやったんだよな。でも、俺は途中で疲れてきちゃって、しまいにはオカダに「全部やっといて」って任せて（笑）。

オカダ　そうでしたね（笑）。僕はあのイタリア遠征ではじめて、校長とシングルで試合をさせてもらったんですよ。

ウルティモ　ああ、サルデーニャ島のビーチで試合したんだよな？

オカダ　そうです。控え室が船の中で、そこから入場したんですよね（笑）。

ウルティモ　そうそう、覚えてる（笑）。まあ、あのときは海外でやるプロレスだし、間

を置いたりとかお客さんを煽ったりとか、日本の試合とはちょっと違うスタイルだったね。そのとき、俺がベビーフェイスでオカダはヒールだったけど、たぶん、おまえにヒールを勉強させようとしたんじゃないかな？

オカダ　はい、校長には「もっとお客さんを煽れ」って言われましたね。

ウルティモ　俺の哲学として、プロレスの華形はヒールだと思ってるからね。あと、イタリアで印象的だったのはメシがうまいんだよな！

オカダ　ああ、メチャクチャおいしかったです！　ナポリでマルゲリータとかパスタを食べに連れていってもらって。いま思い返してもイタリアは楽しかったし、いい経験になりました。

ウルティモ　日本でプロレスやるのもいいけど、世界中のいろんなお客さんの前でいろんなことを経験すると、レスラーとしていいオーラが出てくるんだよ。オカダがいまの地位を築けたのも、きっとそういう経験が大きいと思うよ。

「オカダには武藤さんもいい反応してたよ」(ウルティモ)

オカダ　あと、僕の新日本移籍についても振り返っていただければ。

ウルティモ　ああ、俺が紹介したんだよな。

オカダ　まず、僕が日本ではじめて試合したのが、闘龍門が後楽園ホールでやった自主興行だったんですけど(06年4月16日『UD：06』)、それが昼興行で、夜は新日本が同じ会場で大会をやったんですよね。で、校長が僕だけを、その夜の新日本に連れていってくれたんですけど……。覚えてますか?

ウルティモ　……ごめん。俺、どっかからどっかまでの記憶が消えてるんだよね(苦笑)。それ、俺はなんでおまえを連れてったの?

オカダ　いえ、それを僕がお聞きしたくて(苦笑)。でも、あの後楽園のときは、とくに誰かを紹介されるとかでもなく、僕は校長が控え室に行っているあいだ、ただ試合を観ていただけで。

ウルティモ う〜ん。もう、いろんな人に気づかれているけど、俺はカンで動く人間だからさ（苦笑）。たまたま、オカダがそばにいたのか、何か理由があったのか……。

オカダ 一応、移籍の直接のきっかけとしては、07年5月『ドラゴンマニアⅡ』ですよね。ライガーさんが参戦していて。

ウルティモ そうそう。そのときにライガーさんからストレートに、「オカダを新日本に入れたい」っていう打診があったと思うんだよね。きっと、ライガーさんもおまえを見て、感じたものがあったんじゃないかな。で、新日本さんとしても、あのライガーさんがそう言うのならというのがあったんだろうし。

オカダ でも、僕は移籍に関して、ライガーさんからは何も言われてないんですよね。たしか校長からイタリア遠征に行く2、3日前、唐突に「おまえ、新日本に行けることになったから」ってメールが来たんですよ。あのメール、まだ残してると思います。

ウルティモ そのときはどんな気持ちだったの？

オカダ もちろん、驚いたんですけど、まずは「え、荷物まとめなきゃ」っていう（苦笑）。あとはやっぱり、怖い部分はありましたね。「どんな練習するのかな？」と。でも、校長にはその前から、「新日本はこういう練習しとけば大丈夫だから」とお聞きして、準備はしていたので。

ウルティモ　まあ、練習に関していえば、俺も昔、新日本の通いの練習生だったからね。あれは86年くらいかな？　寮ではツノが生えたマスクの中身の人が大暴れしていた時代だね（笑）。

オカダ　ハハハ。

ウルティモ　まあ、ハチャメチャだったけど、俺はその時代があったからこそ、いまの自分があると思っているから。辞めていく新弟子も多かったけど、「夢持って入ってきて、なんでそんなことで辞めるのかな？」って不思議に思ったもん。プロレスの世界はキツくてあたりまえなんだからって。

オカダ　フフフ。校長は僕を送り出す立場として、どのようなお気持ちでしたか？

ウルティモ　ウチのコたちもいろんな団体に出てるけど、やっぱり新日本は特別な団体だからね。俺としてはオカダが無事に合流して、そこで活躍してくれればと思ってたけど、正直なところ、ここまでの存在になったことには驚いてるよ。自分の生徒がここまでになったのは、俺にとっても名誉な話だから。

オカダ そう言っていただけてうれしいですね。

ウルティモ いやもう、俺も次の世代にバトンタッチしなきゃいけない立場だろ？　そういうことを考える中で、「あのオカダを教えたのはアンタなの？」みたいなことを言われれば、コッチのステータスも上がるわけだし、こんなにいいことはないよ（笑）。まあ、こういうのは縁だし、あのタイミングで送り出せてよかったと思うね。

オカダ いまのセリフ、外道さんに伝えたいですね。外道さんは僕から「一生離れない」って言ってるので（笑）。

ウルティモ そういえばオカダが新日本に入るって決まったときに、いまはタレントでブレイクしてる鬼嫁さんから、「浅井さん！　なんであのコ、新日本に入れちゃったんですか？　ウチがほしかったのに！」って言われたのを覚えてるよ（笑）。

オカダ 校長、武藤（敬司）さんともそういうお話をしてくださったんですよね？

ウルティモ そうそう、武藤さんもいい反応してたと思うよ。ただ、そのときはそれ以上には発展しなくて。まあ、武藤さんがもう少し考える人だったら、全日本に移籍してたかもな（笑）。でも、あの人も天才肌というか、割とカンで生きるタイプだから。

オカダ 僕は闘龍門を07年7月22日の校長の20周年興行で卒業したんですけど、さすがにあのときは感慨深かったです。校長から「がんばれよ」という言葉だけではなく、記念の盾まで用意していただいていたので……。ちょっと、目から汗が出てきました（笑）。

ウルティモ フフフ。いま思い出したけど、オカダがはじめてIWGPヘビーのベルト獲ったとき、俺にメールくれたんだよな。

オカダ あ、校長、覚えてくれてましたか（笑）。

ウルティモ いやあ、それはさすがに覚えてるよ（笑）。

オカダ やっぱり、IWGPのベルトを巻けたのも、校長に快く送り出していただいたからなので、感謝をお伝えしたくて。

ウルティモ でも、活躍するかどうかは本人次第だから。オカダがそれだけのものを持っていたっていうことだよ。ホント、あの報告はうれしかったね。

「いつか恩返しも含めて、同じリングに立てれば」（オカダ）

オカダ いままでなぜか、校長と対談させていただく機会がなかったんですけど、こうして記念すべき初対談が、自分のコーナーにお招きするという形になってよかったです（笑）。
ウルティモ　こういうのもタイミングだよね。もし、オカダが凱旋直後でヒールのイメージが強い頃だったら、「闘龍門の生徒」っていう色が出るのもどうかと思うし、俺の影が見えたら迷惑だったろうし。
オカダ　そのあたりは校長ならではのプロデューサー目線ですね。
ウルティモ　実際、オカダが活躍しはじめてから、いろんなところからコメントは求められたんだよ。でも、俺がシャシャリ出て、「アイツは俺が育てて」みたいなことを言うつもりは毛頭なかったし。だから俺、おまえに全然連絡もしなかったもんな？
オカダ　たしかに。気を遣っていただいていたんですね、ありがとうございます。ちなみに校長、最近の僕の試合ってご覧になってますか？
ウルティモ　ごめん、俺、観てないんだよ。
オカダ　いえ、そうだと思いました（苦笑）。
ウルティモ　まあ、オカダは知ってると思うけど、俺、そんなにプロレスを観ないんだよね（笑）。
オカダ　でも、僕のマネージャーとして、校長の後輩にあたる外道さんについてもらっているのはご存じですか？

ウルティモ　ああ、それは知ってるよ。なんか、外道がウワーってしゃべるんでしょ？
オカダ　そうです、ウワーってしゃべってます（笑）。
ウルティモ　外道がついたのはなんでなの？
オカダ　僕が凱旋直後、あんまりしゃべれなかったので、外道さんがフォローしてくれたというか。
ウルティモ　なるほどね。まあ、アイツはスマートな人間だからね。
オカダ　それは昔からですか？
ウルティモ　ウン、アレはプロレスを知り尽くした人間だよ。ユニバ（ユニバーサル・プロレスリング連盟＝かつてウルティモ・ドラゴンが素顔時代に所属していた団体）でいえば、外道とディック東郷のプロレス頭はすばらしかった。そうか、俺とも縁のあった外道がオカダと組んでるっていうのも巡り合わせだよな。あれ、邪道は関係ないの？
オカダ　いや、関係ないことはないです（苦笑）。同じユニットなので、邪道さんにもいろいろとアドバイスをいただいてます。
ウルティモ　そうやって先輩の言うことに聞く耳を持つのも大事だよな。まあ、オカダはプロレス界のためにもこれからもっと、世間に打って出ていかないといけない立場の人間だし、長く続けることを考えたらケガだけには気をつけてほしいよ。

オカダ　ありがとうございます！
ウルティモ　みんな、ケガしても言わないからな。おまえも昔、あったろ？　アレナ・メヒコでウルティモ・ゲレーロのゲレーロ・スペシャル（雪崩式リバースブレーンバスター）で脳天からマットに突っ込んで、俺が「大丈夫か？」って聞いても「大丈夫です」って言ってたけど、ホントはヤバかったろ？
オカダ　はい、記憶が飛んでましたね（苦笑）。
ウルティモ　だから、そういうのが心配かな。まあ、昔に比べればいまは技術もあるから大丈夫だろうけど。
オカダ　いまのところ、大きなケガはないですね。自分でも相手の大ケガに繋がるような、危ないだけの技を選んでるつもりもないですし。
ウルティモ　いまのWWEなんかを見ていても、会社で危険な技を禁止してると思うんだよ。まあ、そのWWEと競いあえるような会社に、いま好調な新日本もなっていければいいよね。
オカダ　そのどちらの団体にも、校長はご自身のエッセンスを残しているというか。
ウルティモ　フフフ。ありがたいことに、いまだに世界中からオファーがあるんだけど、それもクリス・ジェリコやレイ・ミステリオがこれからスターになるっていうときに、俺がライバルだったからなんだよね。それを世界中の人がＹｏｕＴｕｂｅで観て。

オカダ　アメリカではラ・ケブラーダはアサイ・ムーンサルトって、校長の名前がついてますもんね。

ウルティモ　だから、ショーン・マイケルズがやってもアサイ・ムーンサルトっていうね（笑）。こうしてオカダが立派に育ってくれたのもそうだけど、自分がこの業界にいたという証になるからうれしいね。あとはオカダにもっと活躍してもらって、プロレス界が若い人にとって目指したくなるような夢のある業界になれば。

オカダ　もっともっと、カネの雨を降らすようにがんばります（笑）。最後に校長、『オカダの部屋』に出た感想をいただけますか？

ウルティモ　いや、俺はもっと『徹子の部屋』みたいに司会がしゃべりまくるのを想像してたんだけど（笑）。

オカダ　いやあ、外道さんや邪道さんに来てもらったときはそんな感じなんですけど、さすがに校長にはちょっと……（苦笑）。

ウルティモ　フフフ。まあ、これからもコッチはオカダの活躍を遠くから見守ってるからさ。早くＩＷＧＰヘビーのベルトを取り戻して、「オカダがいないと新日本が回らない」っていうくらいにしてほしいね。それができる男だし。

オカダ　ありがとうございます。あと、校長、いつか恩返しの意味も含めて、同じリングに立てればと思うんですけど……。

ウルティモ　……え、俺と試合するの？（苦笑）

オカダ　まあ、それか校長と外道さんのシングルが観たいですね。そのときは僕がレフェリーやるので（笑）。

ウルティモ　ハハハ（笑）。まあ、オカダはオカダで、べつに俺のことは全然気にしなくていいから。ただ、俺が引退するときは「ちょっと協力してよ」とは言うかもしれないけど（笑）。

オカダ　もし、僕が校長と組むことがあったら、マスクを被ってもいいですか？

ウルティモ　べつにそれはいいけど……、正体がバレバレじゃん（笑）。

オカダ　リングネームはレインメーカードラゴ

ンとか……余計、バレバレですね（笑）。

ウルティモ　いいですよ、どうぞやってください（笑）。とにかく、今日はジックリ話せて楽しかったよ、ありがとう（ガッチリ握手）。

オカダ　こちらこそありがとうございました！（両手で握手）

［第6回ゲスト］

オカダ・カズチカ
×
石井智宏

「俺、天龍さんの付き人で
新日本のシリーズに帯同したとき、
一週間で7kg痩せたからね（苦笑）」

［収録日 2015年6月］

天龍源一郎と長州力に師事し、持ち前の反骨精神を武器に新日本プロレスで確固たる地位を築いた気合いと根性のプロレスラー、石井智宏。その無骨なファイトスタイルで、常に場内に熱狂を生み出す"名勝負製造機"と、オカダはトークでどんな勝負を展開したのか、その一部始終をお届け!

石井智宏(いしいともひろ)
1975年12月10日生まれ、神奈川県出身。1996年に天龍源一郎率いるWARに入門。99年からフリーに転身し、02年にWJプロレス旗揚げを控えた長州力に弟子入り。その後、長州と共に新日本に参戦。以降、G・B・Hを経て、CHAOS所属となる。14年2月、NEVER無差別級王座を初戴冠。15年5月にはIWGPヘビー級王座に初挑戦。リング上とは裏腹のお茶目な本人ブログも必見。170cm、100kg。

「朝寝て、昼の14時に起きる、それが俺の生活習慣」（石井）

オカダ　今回はゲストとして石井さんをお招きしました。石井さん、よろしくお願いします。

石井　……え？　これ、どういう企画なの？

オカダ　知らないで来ましたか（笑）。僕がホスト役で、石井さんのことを根掘り葉掘り聞くコーナーなんですよ。

石井　へえ～、CHAOSのみんなは出てるの？

オカダ　YOSHI-HASHIさん、邪道さん、外道さん、矢野さん……。そして今回、満を持して大物が登場、と（ニヤリ）。

石井　おまえ、笑いながら言ってんじゃねえかよ！（笑）

オカダ　フフフ。早速なんですけども、なんでも石井さんは今日、病院に行かれたとか？

石井　うん、行ってきた。

オカダ　肝臓でも悪いんですか？

石井　なんで俺が病院行くと肝臓なんだよ（苦笑）。新日本の健康診断だよ、健康診断。

オカダ　じゃあ、昨日は食事を抜いて？

石井　メシも食わず、酒も飲まずだよ。昨日は1時に寝て、朝の5時に起きたからね。5時って言ったら、いつもなら寝る時間だよ。

オカダ　よく、1時に寝られましたねえ。というか、これを機に1時に寝るようにしたほうがいいんじゃないですか？（笑）

石井　やだよ！　だって、夜は楽しいから。

オカダ　夜は楽しい（笑）。

石井　朝寝て、昼の14時くらいに起きる、それが俺の生活習慣だから。練習も深夜にやるのが、すごく快適。

オカダ　ホント、石井さんは夜行性ですよね。真夜中に練習して、4時頃にご飯食べて、日焼けもして（笑）。

石井　でもさ、病院に行くために早寝早起きしたじゃん？　やっぱ、これからは健康のためにそうしようかなと思ったね。

オカダ　さっきと言ってること、真逆じゃないですか（笑）。健康つながりじゃないですけど、石井さんって体調がデリケートですよね。あれは昔からなんですか？

石井　うん、昔っからだよ。胃腸も弱いし。

オカダ　そうなんですね。僕も石井さんにビオフェルミンとか、正露丸のよさを教えてもらいましたけど。
石井　ビオフェルミン、いいっしょ？　腹によく効くから。そういえばさ、『レスリングどんたく』のシリーズでYOSHI-HASHIが風邪流行らせたじゃん？　胃腸に来る系の。
オカダ　ありましたねえ。
石井　YOSHI-HASHIがバレッタに感染して、次にオカダにいって、その次にとうとう……。
オカダ　石井さんが体調崩して（笑）。
石井　あのとき、俺が控え室でグッタリしてたら、YOSHI-HASHIのヤローがゲラゲラ笑ってんだよ。で、矢野さんが「オメーのせいだろ！」って言ったら、「いやあ、僕じゃないですよ、ハハハ」って笑いやがってさ。あのときは「コイツ、ブッ殺してやろうかな」って思ったね！
オカダ　さすがですね、YOSHI-HASHIさん（笑）。体調管理でいうと、最近は石井さんもあんまりお酒、飲まなくなったとか？
石井　飲んでないね、オカダのほうが飲んでるよ。俺は飲むとしても、いまは月に2、3回とかだから。

オカダ　で、その2、3回で失敗してるわけですね（笑）。
石井　してねえよ！　まあ、その2、3回をガッチリ飲むから、俺って飲んだくれみたいなイメージがあるんじゃないの？
オカダ　なんで、そんなにガッチリ飲むんですかね？
石井　いや、帰りたくないのよ。
オカダ　ハハハハ！（笑）
石井　だから、オカダはすごいと思うよ。飲んでても、途中で「今日は帰ります」って言えるじゃん？　それが俺はできないんだよ。外が明るくなってきてはじめて、「ああ、じゃあ、帰ろっか」ってなるから。
オカダ　たまにCHAOSと新日本のスタッフの人で飲んでても、「オカダさん、そろそろ抜けたほうがいいですよ」って言われますよ。

石井 え、どういうこと？

オカダ 「朝までになりそうなんで」って（笑）。

石井 ああ、「石井さんのことはコッチに任せてください」ってことか（苦笑）。でも、オカダに「明日、仕事があるんで帰ります」って言われたら、俺は何も言えねえよ。おまえは試合以外でも忙しいからな。逆に俺はヒマだから（笑）。

オカダ そういえば石井さんがNEVERのベルトを獲ったときに、みんなで朝6時くらいまで飲みましたよね。最後、石井さんが酔っ払って、僕のマイクアピールのマネを延々とやってましたもん。甲高い声を出して（笑）。

石井 そんなのはべつに、かわいいもんだよ！　たぶん、オカダが日本に帰ってきてからは、俺も酒でやらかしたことはないと思うけどな。べつに記憶、なくした覚えもないし。

オカダ いや、六本木ですごいときありましたよ？　いきなり石井さんが……（以下自粛）。

石井 あんなの大したことないって！　だって、全部意識あるもん。

オカダ いや、意識があってやってたなら、それはそれでヤバくないですか？（笑）

石井 へへへ。というか、こんな話ばっかでいいのか、コレ？（苦笑）

オカダ お酒の話は書けない話が多いのでこれくらいにしましょうか（笑）。

「石井さん、胃腸がデリケートですもんね（笑）」（オカダ）

オカダ　じゃあ、プロレスの話でもしましょうか。ちょっと、どうでもいい話が続いたので（笑）。

石井　どうでもいいってなんだよ！（苦笑）。ていうか、みんな、プロレスの話なんかしてんの？

オカダ　外道さんにしろ邪道さんにしろ、みんな深い話をしてくれてますよ（ニヤリ）。

石井　おまえ、ハードル上げんなよ……。べつに俺、話すことなんかねえし。

オカダ　いやいや、僕が聞き出しますので。そもそも、石井さんのプロレス人生のスタートは、ＷＡＲなんですよね？

石井　そうだよ、おまえの師匠がいた団体だよ。

オカダ　ウルティモ校長ですね。石井さんの入団のきっかけは？

石井　まず、レスラーになりたくても、その頃は身長が１８０以上ないとメジャー団体には入れない時代だから、どうしようかなって思ってさ。で、たまたま俺の親の知り合いに、ＷＡＲに上がってた新格闘プロレス（新日本プロレスに参戦していた青柳政司《あおやぎまさし》を中心に、94年に設立）の社長さんがいたんだよ。新格闘プロレス、知ってる？

オカダ いや、全然知らないです（笑）。

石井 まあ、そうだろうな（笑）。で、もともと俺も天龍（源一郎）さんのファイトスタイルが好きだったから、紹介してもらってさ。たしか、文体（横浜文化体育館）でWARの社長の武井さんに挨拶に行ったんだよ。

オカダ それでスンナリ入れたんですか？

石井 入れたっていうか、武井さんに「じゃあ、ウチの道場に来て、練習を体験してみなよ」って言われて。あれは高校出た年の8月だったな。

オカダ 練習の初日はどんな感じだったんですか？

石井 まず、WARの人に「道場近くの駅に着いたら電話しろ、迎えに行く」って言われてたから、「いま到着しました」って連絡したんだよ。でも、そうしたら俺、腹が痛くなっちゃってさ（苦笑）。

オカダ 胃腸がデリケートですもんね（笑）。

石井 それで「ヤベエ！」と思ってコンビニのトイレに行ってたら、待ち合わせの約束時間を過ぎちゃって、迎えの人がもういなくてさ。で、通行人に「このへんにプロレスの道場ありますか？」って聞きまくって、なんとかたどり着いたんだけど、「何やってんだオラッ！　早く着替えろ！」ってドヤされた（苦笑）。

オカダ　初日からトラブルだったんですね（笑）。寮にはそのまま入ったんですか？

石井　いや、部屋がいっぱいだったから、最初は通い。まあ、練習はやっぱりきつかったよ。俺、２日目にサボったもん（苦笑）。

オカダ　ハハハ！　え、行かなかったんですか？

石井　まあ、家族とかに「俺は売れるから！」みたいなこと言ってた手前、２日目も一応、道場には向かったんだけど、途中で心が折れて「やっぱ、やめよう」って（苦笑）。

オカダ　引き返した、と（笑）。

石井　まあね（笑）。それで家で寝っ転がりながら、矢沢永吉が主演の『アリよさらば』っていう学園ドラマを観てたら、「俺、何してんだろう？」と思いはじめて、また次の日から通いだしたんだけどさ。

オカダ　ちゃんと迎え入れてくれたんですか？

石井　一応、２日目のときは電話しといたんだよ。「ちょっと風邪で」って（笑）。

オカダ　いきなり2日目で休む理由が風邪って、ウソっぽすぎますよ（笑）。

石井　へへへ。だから、その永ちゃんのドラマ観て、すごく罪悪感がわいてきたから、そこから練習は１日も休まなかった、俺。

オカダ　その当時のコーチ役は？

石井 平井《ひらい》（伸和《のぶかず》）さん、安良岡《やすらおか》（裕二《ゆうじ》）さん、あとは大刀光《たちひかり》さんか。

オカダ 石井さんはウルティモ校長とは最初、どんな関係性だったんですか？

石井 ……嫌いだった（笑）。

オカダ ハハハ！　え、なんでですか？

石井 いや、リング上で受身の練習してたら、「おまえ、センスねえなあ。辞めたほうがいいな」って言われて、「コノヤロー」って。まあ、たぶん叱咤激励《しったげきれい》だったんだろうな！

オカダ ホントにそう思ってますか？（笑）

石井 いや、「コイツ、絶対に本音で言ってるな」って思った（笑）。スゲー、腹立ったよ！　あと、しょっちゅう「オメー、チビだな」って言われて、「いや、変わんねえじゃん！」って思ってた。コレ、全然書いていいよ（笑）。

オカダ フフフ。まあ、僕は石井さんと違って、校長には特別扱いしていただいていたので（笑）。

石井 そういえば、浅井さん（ウルティモ・ドラゴン）、この前ひさしぶりに会ったんだよ、六本木で。そうしたら「相変わらず、オメー、小っちぇえなあ」って言われたからね。同じ目線で（笑）。

オカダ まだ言われるんですね（笑）。

石井　とりあえず、「いや、変わんないじゃないっスか！」って返しといたけど。
オカダ　まあ、校長なりの叱咤激励なんでしょう（笑）。
石井　いや、昔と同じで絶対に本音だな、アレ（笑）。

「天龍さんの口利きで、新日本の道場に通ってたよ」（石井）

オカダ　石井さんがＷＡＲの新弟子時代に、一番キツかったことってなんですか？
石井　全部！　練習にしろ、礼儀にしろ。あと、移動中に寝られないのはキツかったな。
オカダ　ああ、「何頼まれてもいいように寝ないで待機しろ」と？
石井　そうそう、すっげえキツかった！
オカダ　若手はいろんな雑用がありますよね。
石井　ＷＡＲのときは、リング作りから会場設営から、４人で全部やってたからな。グリーンシートを敷いて、イスも並べて。
オカダ　席番も貼って（笑）。
石井　席番貼りは早いよ、俺（笑）。
オカダ　コツがあるんですよね。まずはテープだけ切って、そのあとに席番を貼って……。

石井 あ、おまえもやってたの？
オカダ はい、僕も闘龍門のときに。
石井 ああ、そうか。闘龍門もＷＡＲの流れだもんな。
オカダ でも、さすがに4人とかじゃなかったですけどね（笑）。
石井 あとは洗濯もつらかったなあ。ＷＡＲって、上の選手用にロゴが入ったバスタオルを20～30枚用意してるんだけど、厚手だからなかなか乾かないんだよ。
オカダ 闘龍門でも大会終了後、選手がサイン会をやる前に汗を拭くために、バスタオル用意してましたね。たまに「クセーよ！」とか怒られながら。
石井 きっと、浅井さんがＷＡＲから持ち込んだ習慣なんだろうな。俺、新日本に入る前、闘龍門に参加したときに思ったのが、あそこって意外と縦社会なんだよね。
オカダ そうですね。まあ、そういう厳しい環境をくぐり抜けてきたので、いまの僕がある、と。
石井 ……なんで俺の話を、おまえの美談みたいにまとめてんだよ（笑）。
オカダ フフフ。あと、人づてに聞いて驚いたんですけど、石井さんがＷＡＲ時代に新日本の道場で練習してたって本当ですか？
石井 うん、1年半くらい通ってた。

オカダ　へえ！　それは自主的に？

石井　いや、天龍さんが話つけてくれて、「おまえ、行け」って言われて。

オカダ　石井さんだけですか？

石井　そうそう。あのときは佐々木健介《ささきけんすけ》がコーチで、練習生にKENSO（現・全日本プロレス）、棚橋、柴田《しばた》（勝頼《かつより》）、井上《いのうえ》（亘《わたる》）なんかがいて。

オカダ　じゃあ、棚橋さんや柴田さんとかと一緒に練習してたんですね。

石井　当時は天龍さんの付き人として、新日本のシリーズにも帯同してたんだけど、何かと向こうの選手と比較されて毎日怒られてたよ。天龍さんに「もしかしたら、試合させるかもしれないからコスチューム持ってこい」って言われたけど、結局出番もなかったし。俺、1週間で

７kg痩せたから（苦笑）。
オカダ　ハハハハ！
石井　マジだよ、コレ？　だって、しゃべる人もいないから、ストレスも発散できないし。
オカダ　相当キツかったんですね（笑）。当時、新日本とWARの違いはどんな部分で感じましたか？
石井　やっぱ、ホテルから会場とか移動でタクシー使えたからすごいなって思ったよ。あとは当時の新日本は、全国どこでも３０００人規模の会場でやってたからね。あの頃、天龍さんは平成維震軍と行動してたんだけど、ある会場で越中《こしなか》（詩郎《しろう》）さんが開場前の席数を見て、「今日はしょっぱいなあ」とかボヤくんだよ。でも、それ聞いて俺、「ウッソ〜!?」って思ったもんな。やっぱ、インディーとは違うよ。あと、一番驚いたのは移動中に寝られるっていう（笑）。
オカダ　若手でも寝られたわけですね（笑）。
石井　新幹線で新日本の選手の車両を通ったら、若手が全員寝てんだよ。「いいのコレ？大丈夫なの!?」って思ったもん（笑）。
オカダ　おそらく、全日本プロレスの流れを組む団体が、若手は寝ちゃいけないのかもしれないですね。

石井　ああ、そうかもしれないな。あとは会場でシャワー浴びる順番！　全日本系は試合順にかかわらず、基本的に年功序列なんだよ。でも、新日本はさすがに当時若手だった真《ま》壁《かべ》（刀義《とうぎ》）クラスだとすぐには入れなかったけど、大谷《おおたに》さん（晋二郎《しんじろう》＝現・ＺＥＲＯ１）くらいだと、ふつうにシャワー浴びてたからな。「いいの、コレ？　長州さんに怒られないの？」って思ったもん（笑）。

オカダ　あ、そのときに長州さんにも会ってるんですか？

石井　でもまだ、挨拶するくらいだったけど。

オカダ　しかし石井さん、新日本とはいろんな歴史があるんですねえ。

石井　昔は黒歴史かもしれないけどな（苦笑）。

「僕が外道さんにかわいがられてることについては？」（オカダ）

オカダ　次はＣＨＡＯＳについて聞いていきたいんですけど、まずはやっぱり、石井さんと仲のいい外道さんのことですかね。

石井　フフン。

オカダ　いま、鼻で笑いましたね（笑）。石井さんは外道さんのことはブログでよく、ネタにしてますけど？

石井 いやいや、逆に出さないと怒るんだよ。「ブログ、つまんねえな、最近」って。

オカダ ハハハハ！　そもそもふたりの出会いってWARですよね？　僕、何度も外道さんから「俺と兄弟（邪道）がメインイベンターだったときに、石井はぺーぺーだった」って聞くんですけど、実際に遠い存在だったんですか？

石井 まあ、WARの頃はほとんどしゃべってないな。あの人、俺の直近の先輩とばっか、しゃべってて、コッチには見向きもしなかったから。

オカダ 避けられてたんですか？

石井 いや、わかんない。そのあと、みちのくプロレスで同じユニット（ファー・イーストコネクション＝90年代後半から00年代前半にかけて、みちのくを中心に活動）だったけど、そのときも全然しゃべってないし。

オカダ え、仲悪かったんですか？

石井 というか、俺のほうがたぶん、気を遣ってたんじゃない？　まだ外道さんに対して、尊敬の念があったから（笑）。

オカダ いまやまったくないモノが（笑）。

石井 外道さんといまみたいな関係性になったのは、海野レフェリーの20周年大会（08年

8月26日）の打ち上げのときだよ。

オカダ ちなみに、どんな感じで距離が縮まったんですか？

石井 いや、酔っ払って、「もう、いいかな」みたいな（笑）。コッチが「お、この人、なかなか楽しいじゃん」って（笑）。

オカダ 上から目線で一気にフレンドリーに（笑）。外道さん、「おまえ、慣れ慣れしいな！」みたいなのはなかったんですか？

石井 なかったね。しゃべりたかったんじゃない？　俺と（笑）。

オカダ ハハハハ！

石井 どっちかっていうと、俺も外道さんも人見知りじゃん？　しかも、外道さんは酒飲めないし。だから、酔った俺から近づいてあげたんだよ（笑）。

オカダ 外道さんは「やっと来てくれた」って思ったのかもしれないですね（笑）。いまや石井さん、外道さんにタメ口ですもんね。

石井 それはなんか、あの人が先輩ぽくないからかなって（笑）。

オカダ 先輩ぽくない（笑）。

石井 あの人、コッチがタメ口でも、それにしばらく気づかなかったりするしね。矢野さんが「あの、さっきからずっと石井さん、タメ口なんですけど（笑）」ってツッコむと、

ようやく外道さんが「テメー、コノヤロー！」って（笑）。

オカダ　そんな光景、見た記憶があります（笑）。石井さんは、僕が外道さんにかわいがられているのを、どう見てるんですか？

石井　いやあ、甘すぎるよなあ（シミジミと）。

オカダ　でも、外道さんに言わせると、僕に甘いんじゃなく、石井さんに厳しいだけだって言ってましたけど（笑）。

石井　いや、オカダに甘いよ！　だって、おまえが試合後に「イッテ〜」とか言ってると、「大丈夫か？　どこだ？　どこが痛いんだ？」とか心配するじゃん？　でも、俺が肉離れでまともに歩けない姿を見たとき、大爆笑してたからね、あの人。

オカダ　ひどい（笑）。

石井　あと、これは絶対書いといて！　俺、去年の『G1』で肩を脱臼したじゃん？　で、病院から腕を吊って帰ってきたら、あの人、普通に肩叩いてきやがってさ！　思わず「ア〜ッ!!」って悲鳴上げたんだから、俺。あのときはマジでブッ飛ばそうと思ったもん！

オカダ　ハハハハハ！（爆笑）

石井　あと、おまえが試合終わって帰ってくると、あの人、必ず水渡すだろ？　俺の場合は、逆にコッチのコーラをブン取るクセに（苦笑）。

オカダ　じゃあ、石井さんも外道さんに優しくしてほしいんですか？

石井　……いや、それはイヤかな。気持ち悪い（笑）。

オカダ　じゃあ、いまの友だちみたいな関係性がいいんですね（笑）。あと、CHAOSで印象深いエピソードはありますか？

石井　……べつにないかなあ。俺自身はよくネタにされるけど。

オカダ　たしかに（笑）。僕も見てなくても、石井さんの話はよく聞くので。

石井　まあ、半分以上はウソだけどな！　この業界、盛って盛ってだから（笑）。

オカダ　でも、三澤先生の沖縄の話はホントですよね？

石井　ああ、アレはホント（笑）。朝まで飲んで、朝マックに行くってなったのに、三澤さんが帰るって言ったから、タックルでフッ飛ばした。ハハハ！

オカダ　三澤さん、その衝撃でサングラスが刺さって流血したんですよね（笑）。
石井　あと、三澤さんが奥さんに仕立ててもらったばっかりのジーパン履いてたんだけど、そこにマジックでサイン書いたら、メチャクチャ怒られた（笑）。
オカダ　そりゃ、怒りますよ（笑）。
石井　いや、三澤さんと飲むと、だいたいケンカになるんだよ。「テメーなんか、マッサージしてやんねえからな！」「ウルセー！　テメーのマッサージなんか効かねえよ！」みたいな（笑）。
オカダ　売り言葉に買い言葉ですねえ。
石井　で、２週間くらいマッサージに行かなかったんだけど、たまたまホテルのエレベータでバッタリ会っちゃって、「コレ、まずいな」って思ったんだよ。そしたら、三澤さんが「最近、来てくれないじゃん」って（笑）。
オカダ　歩み寄ってくれたんですね（笑）。
石井　で、コッチも「いいんですか……？」みたいな（笑）。なんか、ＣＨＡＯＳと関係ない話だけど、いいの、コレ？（笑）
オカダ　おもしろいからＯＫです！（笑）

「CHAOSは誰と組んでもやりやすいよ」（石井）

オカダ　石井さんは中邑さんとタッグを組む機会が多いですけど、やっぱりパートナーとしてやりやすいですか？

石井　うん、やりやすい。なんだろ、考えてることが似てるんだよ。「こう、やりてえ」って思ってることが。真ちゃんが「こうしたい」っていうことが、俺も考えてたことだったり。

オカダ　外道さんとは、こうはうまくいかないですか？（笑）

石井　フフフ。一回、俺とオカダと外道さんが組んだ試合前に、軽く「どういう試合しようか」って作戦会議みたいなのしたじゃん？　で、俺が「こうすればいいんじゃないですかね？」って意見出したら、「いや、それはどうなんだ？」ってシブってたのに、オカダが「でも、自分も石井さんと同じこと考えてました」って言ったら「よし、じゃあ、それでいこう！」って意見、変えてさ（笑）。

オカダ　そんなことありましたね（笑）。

石井　でも、CHAOSは誰と組んでもやりやすいよ。

オカダ　中邑さんとは試合以外でもつるんだりしないんですか？

石井　そんなにないかな。俺は酒も少なくしてるから、スナックとかも行かないし。まあ、真ちゃんは三澤さんと行ってるから（笑）。
オカダ　石井さんとケンカしたり仲直りしたり忙しい三澤さんですか（笑）。
石井　へへへ。あと、YOSHI-HASHIも真ちゃんとよく一緒にいるよな。
オカダ　そのYOSHI-HASHIさんのことを、石井さんはどう見てますか？
石井　試合のことはよくわかんないけど、プライベートはおもしろくなってきたんじゃないの？
オカダ　プライベートですか（笑）。
石井　なんかボソボソ言う単語がおもしろいよね。何かって言われると困るんだけど、俺だけがおもしろがってる（笑）。まあ、アイツも頼もしくなったとは思うけど、まだ腹の底から「オラッ!!」っていう、向かってくるものが足りないね。
オカダ　でも、最近のYOSHI-HASHIさんはプライベートでは怒るようになりましたけどね（笑）。
石井　アレを試合でも出せばいいんだよ（笑）。
オカダ　ちょっとリング上のことも聞きたいんですけど、やっぱり石井さんはNEVERのベルトに対するこだわりは強いですか？

石井　こだわりか……。べつにNEVERだからっていうのはないけど、新日本ではじめて獲ったベルトだからな。でも、よくNEVERの戦いはゴツゴツだの、なんだのって言われるけど、べつに俺がほかのベルトを持ってたって、リングでやることは一緒なんだよ。

オカダ　石井さんのスタイルですものね。IWGPヘビーを巻けばIWGPヘビーがゴツゴツって言われるでしょうし、それはインターコンチでもそうでしょうし。

石井　だから、NEVERがゴツゴツって言われるのは、俺は意味がわからない。

オカダ　そうやってくくられるのは、あんまりおもしろくないってことですね。

石井　俺はべつに誰が対戦相手でも一緒だから。それはオカダもよく知ってるよな?

オカダ　たしかに石井さんは誰と試合しても変わらないですよね。僕とは13年の『G1』でやりましたけど。

石井　まあ……、コッチの完敗だったな(苦笑)。

オカダ　いえいえ、僕もキツかったです(笑)。

石井　へへへ。あのときの『G1』は、オカダとの試合が唯一、控え室まで自分の足で歩いて帰れなかったから。

オカダ　え、ホントですか?

石井　ホントだよ、セコンドの肩借りてさ。まあでも、同門対決は誰とやっても楽しみだ

よ。真ちゃんともやったけど、ワクワク感が違うね。

オカダ　そうですね、僕もそう思います。

石井　俺、同門対決で勝ってないんだよな……。あ、タッグリーグでオカダとＹＯＳＨＩ－ＨＡＳＨＩに勝ったか。いや、あれもフォール取ったのは真ちゃんだ（笑）。

オカダ　ハハハ！　話は尽きないですけど、そろそろまとめということで、最後に『オカダの部屋』に出た感想をもらえますか？

石井　いや、楽しかったよ。楽しかった。

オカダ　あ、ホントですか？

石井　普段は俺ら、ふたりとかであんまりしゃべんないもんな？

オカダ　最初の頃、僕は石井さんにパソコンとかケータイに関して、操作方法なんかをよく聞かれましたけどね（笑）。

石井　ああ、たしかにオカダにホテルの部屋まで来てもらってたな。で、間違った部屋番号を伝えちゃって（笑）。

オカダ　そうですよ！　言われた部屋に行っても、誰も出てこなくて、石井さんに電話したら、「ああ、それ、昨日のホテルの部屋番号だった」みたいな（笑）。しかも、僕も電子機器に特別くわしいわけじゃないんですよ。聞かれるから、コッチも調べるわけで（笑）。

石井　その節はお世話になりました。でも、アイスあげてたじゃん！　ご褒美に。

オカダ　それも石井さんが人にもらったヤツを、くれただけじゃないですか（笑）。

石井　へへへ、よく覚えてるね、さすがだよ（笑）。

［第7回ゲスト］

オカダ・カズチカ
×
ミラノコレクションA.T

「ファンから『昔のミラノさんって、オカダさんに似てますよね?』って言われて、時代の移り変わりを感じました（苦笑）」

［収録日 2015年10月］

オカダが闘龍門に入門した当時、最初にプロの厳しさを教えてくれた先輩である“ミラノ先生”。現在は本業である整体師のかたわら、新日本プロレス中継の解説者としても活躍中のミラノさんは、これまでいったいどんな半生を送ってきたのか？　そして、現在の新日本をどのように見つめているのか？　かわいい後輩(?)のレインメーカーが直撃!

ミラノコレクションA.T.
1976年8月27日生まれ、岩手県出身。2000年5月にメキシコでデビュー。闘龍門で多彩なメキシコの関節技(ジャベ)を武器に頭角を現す。05年4月からフリーとなり、さまざまな団体での活動を経て、06年8月に新日本プロレス初参戦。07年の『BEST OF THE SUPER Jr.』で初出場・初優勝の快挙を達成。10年2月、目の負傷のため惜しまれつつ引退。現在はミラノ式足ふみ整体「ケアレスト」の代表のかたわら、新日本プロレス中継の解説も務めている。

■ミラノ式足ふみ整体「ケアレスト」新宿本店
東京都新宿区新宿1-24-7 ルネ御苑プラザ409
Tel 03-5362-0663
営業時間電話受付　10:00～20:00
施術スタート 10:30～、最終 19:00～(時間外応相談)木曜日定休
http://www.soxing.info/

「カズと深く関わったのは、入門して最初の半年かな」（ミラノ）

オカダ 今回のゲストはミラノコレクションA.T.さんに来ていただきました。ミラノさん、今回は僕、かなり緊張してます（ニヤリ）。

ミラノ またあ、そうやってウソついて（苦笑）。まあ、ひとつ、お手柔らかにお願いします。

オカダ まずはミラノさんと僕の出会いから振り返りましょうか。僕は中学を卒業して闘龍門に入門したんですけど、メキシコに行く前の最初の半年は、神戸の合宿所に入ったんですよね。そのときにミラノさんが寮長をされていて、いろいろと指導していただいた、と。

ミラノ そうですね。だから、深く関わったのは、その最初の半年になるのかな。

オカダ ミラノさん、練習生時代の僕に特に厳しかったのは、あえてですか？（ニヤリ）

ミラノ ええ？（苦笑）

オカダ フフフ。まあ、そこは単純に僕が練習についていけなかったのが悪いんですけどね（笑）。

ミラノ カズが入ってきたときは、まだ15とかだもんね。新日本の道場なんかと違って、闘龍門というのはプロレスの専門学校なので、最初に決して安くない入学金と月謝を半年分払うんですよね。で、途中で辞めても返金がなくて。要はそのくらいの覚悟で入ってこいってことなんだけど。

オカダ ライ◯ップと一緒ですね。

ミラノ ライ◯ップ、返金ないんだ？

オカダ いや、よくわからないです（笑）。話の腰折りました、続けてください（笑）。

ミラノ はい（笑）。プロレスの専門学校という意味では、厳しい入門試験があるわけではないので、最初の入口は広いんです。でも、15だとけっこう落とされる人がいたんですよ。それなのにカズのときは2、3人入ってきたから、「なんで今回、採ったんだろう？」とは思って。

オカダ たしかに全体的にも人数は多かったんですよね。

ミラノ でも、そうすると寮のベッドが足りないっていう（苦笑）。それもあって会社の上のほうからは、「1週間で半分に減らせ！」って命令がくるんですよ。

オカダ そんなこと言っちゃって、大丈夫ですか？（笑）。

ミラノ まあ、時効でしょう（笑）。

オカダ そういえば僕たちも二組にわけられて入寮しましたね。僕はあとから入った組だったんですけど、最初はベッドが空いてなくて床で寝てましたもん。でも、すぐに人がいなくなって、ベッドで寝られるようになりましたけど。

ミラノ 練習生には先輩である僕らの限度くらいのトレーニングを、いきなり課してたからね。当時、近藤修司《こんどうしゅうじ》（現・WRESTLE―1）もコーチだったけど、ふたりで「最初は練習生にやらせるだけで、俺たちはいいよね？」って言ってたんです。でも、会社の上から「おまえらもやったほうがいいぞ」って言われて（苦笑）。

オカダ 指導する側も一緒に（笑）。

ミラノ でも、僕らもつらくなってきたら、練習生に「おまえ、その腕立てのフォームはおかしいな」って注意するフリをして、ちょっと休んだり（笑）。

オカダ そうだったんですね（笑）。僕は道場近くにある160段の階段を往復するのがきつくて。いまでも初日の練習を覚えてますよ。階段を15往復して、道場に戻ってきてから〝トランプ〟をやって。

ミラノ あー。トランプをめくった数字の×2とか、ジョーカー出ると×3とか、腕立てやスクワットをやるヤツね。

オカダ もう、僕なんかガンガンに潰れて、ミラノさんに「ヒザつくなよ！」って怒られましたもん。しかも、僕が崩れると、周りの練習生はそのまま腕立ての体勢をキープして待ってるんで、そのプレッシャーもキツかったですね。まあ、ミラノさんは指導するフリ

して休んでましたけど（笑）。

ミラノ　だって、きついんだもん（笑）。

オカダ　当時の僕の印象はどうでしたか？

ミラノ　ホント、当時は練習についてこられなかったよね。だから、汗だか涙だか鼻水だかわからないくらい顔がグチャグチャのカズの横にいって、Tシャツの首元とかパンツを引っ張り上げて、腕立てを無理矢理やらせて。

オカダ　〝かわいがり〟ですよね（ニヤリ）。

ミラノ　でも、それでもカズだけは辞めずに次の日も来るっていう。その頃はまだ、この男の心臓に毛が生えてるって知らなかったので（笑）、「なんなんだろう？」と思って。のちのちカズに聞いたら、「中卒だからほかに行くとこないんです」って言われたけど。

オカダ　実際、当時は辞めるわけにはいかないっていうのは大きかったですよ。レスラーになるとか考えられないくらい、とにかく基礎体はつらかったんですけど、食らいついていくしかないと思って。ホント、「明日もがんばろう」が口グセでしたからね。理不尽なシゴキとかはないんですけど、練習以外に雑用も多かったですし。

ミラノ でも、1か月くらい経つと、先輩たちもだんだん優しくなってこなかった？

オカダ それはありましたね。だいたい、1か月耐えれば残るんですよね。

ミラノ おそらく、先輩連中も「最初はナメられないように」っていうのはあったと思うよ。僕が入った頃もSUWAっていう先輩とかがすごく厳しくて、「なんなんだ、この人たちは。社会不適合者の集まりか？」とか思ったから（苦笑）。でも、なんとか食らいついて。それを乗り越えると、割とふつうに接してもらえるっていうか。

オカダ いやあ、でも僕はミラノさんがいまでも怖いですよ（ニヤリ）。

ミラノ またまたあ（苦笑）。いまや立場が逆転してますから（笑）。

「勘当って、サラリとなかなかすごいこと言いますね」（オカダ）

オカダ ミラノさんも僕と同じように、闘龍門から新日本入団っていう、同じルートなんですよね。でも、ミラノさんは噂によると、闘龍門に入門するまでもいろいろあったそうですけど（ニヤリ）。

ミラノ　ハハハ（苦笑）。

オカダ　そもそも、ミラノさんはアニマル浜口ジム出身なんですよね？

ミラノ　はい。浜口ジムは出身者も多いし、入ればプロレスラーになれると思ったので。まずは大学を辞めて、親に勘当されて、浅草（浜口ジムのある場所）の不動産屋でアパートを探してから、浜口ジムに通いだした、と。

オカダ　勘当って、サラリとなかなかすごいこと言いますね（笑）。ミラノさんと同じ時期にジムに通っていて、のちにレスラーになった人はいます？

ミラノ　井上亘さんですね。あと、僕が入ったときに、ちょうど本間《ほんま》（朋晃《ともあき》）さんがみちのくプロレスに入団するということで、ジムの壮行会があって。でも、本間さんは入団してからすぐに逃げ出して、また浜口ジムに帰ってきたんですけど（笑）。

オカダ　フフフ。

ミラノ　当時の本間さんはまだハスキーボイスじゃなくて、ガソリンスタンドのＪＯＭＯで働いてました。

オカダ　そんな情報まで（笑）。

ミラノ　で、浜口ジムにはレスラー志望者のための特別コースがあるんですよ。筋トレ以外にスパーとかやったり。最初、自分もそれに出てたんですけど、みんなで「気合いだー！」みたいにやるのが、ちょっと合わなくて（苦笑）。だから、そのコース自体は3か月くらいしか出ずに、あとは入門テストに向けて、ジムでは個人的に筋トレしてましたね。

オカダ　浜口さんみたいな「ワッハッハー！」はやらなかった、と？（笑）。

ミラノ　「ワッハッハー！」自体がまだなかったです（笑）。まあ、ちょっと周りの雰囲気に乗れなかったんですよね……。あ、べつにこれは否定とかじゃないですよ？　人それぞれタイプがあると思うんですよ。練習でも感情をモロに出していくとか、黙々とやっていくとか……。

オカダ　ミラノさん、慌ててますね（笑）。で、そのあとはどこの団体を受けたんですか？

ミラノ　最初、全日本プロレスに履歴書を送ったんですけど無視されて。あと、その頃に仲がよくて体力のある先輩が全日本に入ったんですけど、1週間で逃げちゃったんですよ。その人から具体的な厳しさも教えてもらってたので、「入団は難しいかな」って思ってたときに、ＦＭＷから全日本に参戦してる華のある選手がいたので、「ああ、こういう上がりかたもあるのか」と。それがハヤブサさんだったんですけど。

オカダ　それでＦＭＷのテストを受けたんですか？

ミラノ　はい。ＦＭＷといえばデスマッチだったので、「そういう痛さはイヤだな」って思ってたんですけど、その頃に団体としてレスリング路線に変わるということだったので。

オカダ　新日本は考えなかったんですか？

ミラノ　僕、全日派だったので新日本は好きじゃなかったんですよ。僕は岩手出身なんですけど……。

オカダ　（さえぎるように）あれ、イタリアじゃないんですか？（笑）

ミラノ　あ、〝I〟出身にしてください、イタリアか岩手（笑）。で、当時は岩手で新日本と全日本が年1回ずつ大会をやってたんですけど、三沢光晴《みさわみつはる》さんとか小橋建太《こばしけんた》さんたちの〝2・9プロレス〟をおもしろく感じて。選手の華やかさでいえば新日本がズバ抜けてたんですけど、試合内容が好きだったのは全日本でしたね。

オカダ　なるほど……。ミラノさん、もう、新日本から解説の話、来なくなりますね（笑）。

ミラノ　いやいや、遠い昔の学生時代の話ですから（苦笑）。

オカダ　フフフ。それからどういう経緯で闘龍門に入るんですか？

ミラノ　ＦＭＷは練習にはついていけたんですよ。毎日、みんなでスクワット300回やって、新弟子はさらに1000回やるんですけど、べつに問題なかったし。ご飯とチャンコもドンブリ5杯ずつ食べるとか、そういうノルマも苦ではなかったんです。ただ、某先輩にイジめられて……。

オカダ　誰ですか？（笑）

ミラノ　食いつきが早いね（苦笑）。●×△●×△にイジめられて何もかもがイヤになったんで、「親が倒れました」ってよくあるウソをついて辞めて、それで岩手……イタリアに戻りました（苦笑）。

「リングネームに関して、校長の壮大なドッキリが…」（ミラノ）

オカダ　ＦＭＷを辞めたあとはどうしたんですか？

ミラノ　地元で倉庫作業のバイトをしながら抜け殻みたいな生活を続けたんですけど、半年くらい経ってから「これじゃダメだ！」と思い立ち、また東京に出てきて就職しまして。

オカダ　あ、就職したんですか？

ミラノ　まあ、そのときは挫折したこともあって、プロレスが大嫌いになってたので。一切観なくなってましたしね。で、その頃、格闘技イベントの『ＰＲＩＤＥ』の人気が出てきたので、「よし、俺はここに出よう」と思って、格闘技をはじめるんですけど。

オカダ　たしか、中邑さんも通っていたことのある、和術慧舟會《わじゅつけいしゅうかい》（宇野薫《うのかおる》をはじめ、多くの格闘家を輩出）に行ってたんですよね？

ミラノ いや、最初は家の近くにあった高田道場に入ったんです。

オカダ え、ミラノさん、高田道場にいたんですか？

ミラノ じつは（笑）。でも、道場の会費を払うのが厳しくなっちゃって。そうしたら、少し遠いんですけど慧舟會の存在を知って、月謝も払えそうだったので、そこに行くようになりました。高田道場のときは、僕は覚えてないんですけど、少年時代のクッシー（KUSHIDA）もいたみたいですね。

オカダ へえ。FMWにいたときも、邪道さんと外道さんがいたんじゃないですか？

ミラノ いましたよ。でも、僕はハヤブサさんの付き人で忙しかったので、邪外さんとは関わりは全然なかったですね。

オカダ でも、のちに新日本所属となる人たちと距離が近かったということは、ミラノさんは新日本のレスラーになるべくしてなった、ということですね（ニヤリ）。

ミラノ まあ、高田道場に関しては、桜庭（和志）さんがPRIDEで活躍していたのを見て、格闘家を目指してたんですけど（苦笑）。

オカダ その桜庭さんも、新日本に上がってますから。

ミラノ ああ、そうか！　いろんな縁があるんですね（笑）。で、そろそろ自分が格闘技の試合に出ようというときに、テレビで「スポーツ界こんな人いますグランプリ」みたいな番組をたまたま観て、そこで〝MTOKYO〟という方を目撃するんです。

オカダ マグナムTOKYO（闘龍門やドラゴンゲートなどで活躍）さんですよね（笑）。

ミラノ で、マグナムダンスとか言って、お客さんにパンツにお札を入れてもらって踊っているのを観て、「なんだ、コレは？」ってカルチャーショックを受けて。そこで、なぜか「こういうのを俺はやるべきだ！」と思いこんじゃったんですよね（笑）。

オカダ そこにビビッと来ましたか（笑）。

ミラノ それでひさびさにプロレス専門誌を読んだら、「闘龍門の神戸道場開校」という記事を見て、「これは俺を呼んでる」と思って（笑）。

オカダ 神の啓示を受けた、と（笑）。

ミラノ で、闘龍門の面接のとき、ウルティモ校長に「キミは色が白いから、日サロで焼いて、頭を茶髪にして、体操教室に通いなさい」って言われたんですけど、何かでマグナムTOKYOも校長にそういうふうに言われたっていうのを読んでたので、「あ、これ、ポストマグナムってことだよな」って思って（笑）。

オカダ ハハハハ！（笑）。じゃあ、ミラノさんは神戸道場に入った最初の世代なんですか？

ミラノ そうですね。で、半年経ってからメキシコ行く予定だったんですけど、俺ともうひとりだけ神戸に残されたんです。

オカダ それはどんな理由が？

ミラノ 校長が「新プロジェクトをやりたい。ノッポとチビとデブと悪い顔がいれば団体が作れる」と言っていて、ノッポの僕ともうひとりのチビがピックアップされて。たぶん、ポストマグナム、ポストドラゴンキッド的な位置だったと思うんですけど。

オカダ ポストマグナム、推しますね（笑）。

ミラノ いや、誰も言ってくれないから（苦笑）。それで僕たちふたりは、トランポリンの世界第4位の体操教室に通わされるんですけど、チビのほうが新弟子生活がキツくて辞めちゃったんですよ。僕は総合やってたんで、先輩たちとのスパーも大丈夫だったんですけど、彼は格闘技経験がなかったんでグチャグチャにされてましたし。

オカダ わかります、その気持ち（苦笑）。

ミラノ でも、いざメキシコに行ってみたら、校長に「おまえらは空中技じゃなくて、ジャベっていうメキシコの関節技をウリにしていくからな」って言われて、「え、体操教室はなんのために……？」っていう（苦笑）。

オカダ さすがですね、校長（笑）。ちなみにミラノコレクションっていうキャラクターは校長が考えたんですか？

ミラノ　そうです。当時、校長がプロレス専門誌にコラムを書いてたんですけど、「練習生におもしろいヤツがいる。モデルみたいにスラッとしてる」って、僕のことをネタにしてたんですね。で、「コイツはエンポリオ・アルマーニをモチーフにして、チン◯リオ・フェ◯チーノって名前でデビューさせる」って、書いちゃったんですよ！

オカダ　完全に悪ノリですね（笑）。

ミラノ　「あるいはチン◯リオ・シャ◯リーノか迷ってる」って書いてあって（苦笑）。僕、それにすごく落ち込んだんですよ。そんなリングネームになったら誰も会場に呼べないし。

オカダ　まあ、そうですよね（笑）。

ミラノ　しかも、現地の日本法人のスポンサーのかたに、校長が「今度、デビューするチン◯

リオです」って紹介したら、そのお偉いさんも「ナメられないようにがんばりなさい（笑）」とかうまい返しをしてくれて（笑）。

オカダ　ハハハハ！（笑）

ミラノ　そのリングネームの時点でコミカル路線だから、周りの同期や先輩たちは「これでライバルがひとり減った」って喜んでましたよ。でも、フタを開けてみたらミラノコレクションA.T.になっていたので、最終的にはメディアを使った壮大なドッキリに終わったんですけど（苦笑）。

オカダ　よかったですねえ（笑）。校長、昔はアルマーニにハマッてましたもんね。

ミラノ　だから、もし校長がルイ・ヴィトンにハマってたら、僕はパリコレクションになってたと思います（笑）。

「全日本と新日本から声がかかってたんですよね？」（オカダ）

オカダ　そもそも、ミラノさんはどういうきっかけで新日本に上がるようになったんですか？　初参戦したのは06年8月だったそうですけど。

ミラノ　僕、新日本に上がる前の4月に、全日本プロレスのビッグマッチで武藤さんとタッグを組んだんですけど、そのあとに渕正信《ふちまさのぶ》さんから「世界最強タッグリーグでも頼むな」って言われてたんですよ。
オカダ じゃあ、最初は全日本に継続参戦するはずだったんですね。
ミラノ じつは。で、当時は僕、アメリカに住んでいたので一度帰るんですけど、そのあとの全日本さんとのやりとりの中で、ちょっと引っかかる部分があったんですね。そんなときに、新日本さんで声をかけてくださった方がいて。
オカダ そういえば僕、そのあたりの話、ミラノさんからメキシコで聞きましたよ（ニヤリ）。
ミラノ あ、そうか！　新日本に上がる2か月前に、「ミラノと石森と行くメキシコツアー」っていうのがあったんですけど、そのときに会ってるんだね。
オカダ ハイ。で、ミラノさんから「俺、全日本からも新日本からも声がかかってるんだよね〜」って（笑）。
ミラノ いやいや、そんな言いかたはしてないでしょ！（苦笑）
オカダ 石森さんはノアに行く話があって、ミラノさんは「俺はふたつから来てるけどね」みたいな（笑）。
ミラノ 絶対、そんないやらしい感じじゃない！（苦笑）

オカダ　フフフ。それでミラノさんが新日本に上がるようになって、僕も07年8月に新日本に移籍するんですけど、入りたての頃はミラノさんに会う瞬間が一番落ち着きましたね。

ミラノ　ウソ〜？

オカダ　ホントですよ。ミラノさん、たまにしか道場に来なかったですけど、顔を出したときは「知ってる人が来た！」みたいな感じでしたから。

ミラノ　まあ、僕も一応、カズが入ったときは「不安じゃないかなあ」と思って、ちょっと話しかけに行ったりはしたと思うんですよ。そうしたら、あとあとになって、「あのときは新人時代にシゴかれたトラウマがあるから、来ないでくれって思ってました」って言われて（苦笑）。

オカダ　いやだなあ、僕はミラノさんが来てくれてうれしかったんですよ（ニヤリ）。

ミラノ　ホントに〜？

オカダ　道場で話したのだって、ちゃんと覚えてますもん。「がんばれよ」みたいなことを言ってもらって。

ミラノ　……。

オカダ　あれ？　なんだ、ミラノさんのほうが覚えてないんじゃないですか（笑）。

ミラノ　いや、たぶん言ったと思います（笑）。

オカダ　僕が闘龍門を卒業するときも、６人タッグでライガーさんのほかに、ミラノさんにも組んでもらったんですよね。そう考えるとミラノさんには、節目節目でお世話になりましたよ。まあ、今後はそういう機会もないでしょうけど（笑）。

ミラノ　ホント、言うようになったよねえ、逆に感心するもの（苦笑）。

オカダ　フフフ。ミラノさんが現役時代、新日本で印象的な試合を教えてもらえますか？

ミラノ　僕、07年に１回だけ『Ｇ１』に出てるんですけど、そのときの初戦の矢野選手との試合ですかね。６分くらいしか戦ってないんですけど、とにかく自由に戦って。

オカダ　『Ｇ１』らしくない戦いですか？

ミラノ　まあ、そういうことですね（笑）。自分のガウンを相手に被せて、目が見えないうちに攻撃したり、パラダイスロックっていう関節技を花道の端っこのほうで仕掛けて、カウント17になったら僕だけダッシュしてリングに戻ったり。結局、矢野選手にリングアウト勝ちしたんですけど、そうしたらお客さんがスタンディングオベーションとかじゃなく、立ち上がって爆笑してたんですよ（笑）。それが一番印象に残ってますね。

オカダ　ハハハ、いまの矢野さんみたいな戦い方ですね（笑）。

ミラノ　あ〜、そうなのかな？（笑）。そのとき、現場監督が長州さんだったから、控え室に帰るのが怖かったんですけど、べつに怒られもしなくて。蝶野《ちょうの》（正洋《まさひろ》）さんとか先輩がたも笑ってるだけで、とくに誰に何か言われるでもなく。まあ、僕も「どうにでもなれ！」と思ってやってたんでしょうね（笑）。

オカダ　「いざとなったら全日本行けばいいや！」って？（笑）

ミラノ　いやいやいや（苦笑）。

オカダ　ミラノさん、『G1』では棚橋さんや中邑さんともやってるんですね。

ミラノ　そうそう。たしか初戦が矢野選手、2日目が越中選手に勝利して、その時点では2勝でトップだったんですよ。で、そのあとに棚橋選手、真さま、中西選手に3連敗っていうパターンで（苦笑）。

オカダ　階級も違いますし、『G1』はきつかったですか？

オカダ　いや、人数もいまより少ないですし、個人的には楽しかったですよ。同じ年に優勝した『BEST OF THE SUPER Jr.』はすごくプレッシャーがあって、心身共に満身創痍だったんですけど、『G1』のときは「別に俺は責任取らなくていいだろう」と思って、伸び伸びと好きなことをやりました（笑）。

「引退に関して、カズに挨拶されたの覚えてます」(ミラノ)

オカダ ところでミラノさん、伝説のユニット〝RISE〟は覚えてますか? (ニヤリ)

ミラノ もちろん、覚えてますよ。伝説なのかどうかは知らないですけど(苦笑)。

オカダ 僕、RISEのエピソードが聞きたいです。中邑さんや後藤《ごとう》(洋央紀《ひろおき》)さんと同じユニットでしたよね。

ミラノ デビちゃん(プリンス・デヴィット=現WWEのフィン・ベイラー)と(田中)稔さん(現フリー)もいましたね。最終的には真輔選手がCHAOSを矢野選手と作って、RISEは自然消滅みたいになっちゃいましたけど。

オカダ ミラノさんは中邑さんとはどんな関係だったんですか?

ミラノ 僕、新日本に入ったときって、意識的に誰とも群れないようにしてたんですね。まだ、いろんな関係者の方がいた時代ですし、周りから「足の引っ張り合いに巻き込まれないように」って言われたんで(笑)。

オカダ フフフ。

ミラノ で、僕と同じようなスタンスを取ってたのが真輔選手だったので、それでなんだか、仲よくなって。真輔選手って、外から来た人間にすごく好奇心旺盛なんですよ。それ

は外国人選手に対しても。
オカダ　ああ、ウルティモ校長もそんな話をしてましたね。
ミラノ　真さまとは試合がない日も、いまどこに行ったかわからない〝H澤M秀〟っていう選手やタイガー服部さんと、〝ヒラサワゴン〟っていう車に乗って、温泉に行ったりしてましたね。
オカダ　当時、〝RISEメンバーといく温泉ツアー〟とかもあったらしいですね。RISEは温泉好きユニットというか（笑）。
ミラノ　そういうわけじゃないんですけど（苦笑）。あの頃はいまのプ女子じゃないですけど、RISEは女性ファンが多かったですね。
オカダ　ミラノさんから見て、後藤さんはどんな人でしたか？

ミラノ　歌がうまいイメージが強いです。ＲＩＳＥはみんな、歌うのが好きだったんですよ。僕は下手で、コッチが歌うと「ワザとウケ狙おうとしなくていいから」みたいな感じになるのがつらかったなあ（苦笑）。

オカダ　フフフ。さて、ミラノさんは10年2月14日に現役を引退しますが、リングを去るのに葛藤はなかったですか？

ミラノ　そこはなかったですね、引退試合すらしてないんですけど。09年9月の後楽園でやった試合が最後で、そのあとは欠場に入って。

オカダ　それは誰のせいですか？（ニヤリ）

ミラノ　え〜と、外道っていう選手ですね（笑）。その人に竹刀で目をつかれて。

オカダ　僕がやりかえしておきますよ！（笑）

ミラノ　いやいや（苦笑）。べつにそれが原因じゃなくて、もともとアメリカで目をケガしてから、ずっとごまかしながら試合を続けていたので。07年はなんとかやれたんですけど、08年から段々、３本のロープが４、５本に見えてきたんですよ。で、09年にはとうとう、タッグマッチのときにエプロンサイドから足を踏み外しちゃったので、これはもうダメだな、と。

オカダ　ホントに悔いはなかったんですか？

ミラノ　う〜ん、ないと言ったらウソになりますけど、もともとデビュー前にウルティモ校長に、「レスラー人生よりも次の人生のほうが長いんだから、そっちのことをよく考えながら現役生活を過ごせよ」って言われてたんですよ。

オカダ　デビュー前にですか？

ミラノ　はい。いま思うと、レスラーはふつうだと交流できないような社長さん方と接する機会も少なくないので、「そういう成功者の考えを学べよ」って意味だったと思うんですけど、当時は「なんで、これからデビューする人間にそんなこと言うんだろう？」って思いましたね。

オカダ　でも、なんとなく次の人生のことも考えていたわけですか？

ミラノ　そうですね、自分の中で「だいたい、現役は10年かな？」って思ってたんです。転職サイトを見ても、「35歳まで」って書いてあったので。そういう考えを持っていると、そういうふうになるのかわからないですけど、ケガと重なってしまったので、ちょうど10年だしキッパリ辞めよう、と。

オカダ　ミラノさん、10年しかやってないんですか？　僕、もう11年になりますよ。

ミラノ　ああ、じゃあ、キャリアも超えられましたね（笑）。

オカダ　じつはミラノさんの引退セレモニーの大会で、僕の海外壮行試合も予定されてたんですよね。でも、急遽予定が早まって、1月31日になっちゃって。
ミラノ ああ、だからカズには1月に挨拶されたのを覚えてますよ。
オカダ あ、それ、僕は覚えてないです（笑）。
ミラノ ウソ〜？ ひどいなあ（笑）。「いままでお疲れさまでした」って、いまもよくリング上でいうセリフを（苦笑）。
オカダ でも、いま思うとミラノさん、欠場する前からいろいろ勉強してましたよね？
ミラノ ああ。目がホントにダメになってから、今後のことを考えて不動産の国家試験の勉強をはじめたんですよ。バスの中でも参考書を読んだり、試合終わって食事会に誘われても行かず、ホテルにこもって勉強したり。おそらく、「付き合い悪いな」とは言われてたと思いますけど（苦笑）。
オカダ 僕、バスの中で「何読んでるんですか？」って聞きましたもん。まさかそのときは、辞めるとまでは思ってなかったですけど。でも、引退のことを聞いたときは悲しかったですよ。遠いアメリカの地で泣いてましたから……。
ミラノ ウソだ〜！ 「アメリカ楽しいな〜」って、ハンバーガー頬張りながら思ってたでしょ？（笑）
オカダ いやいや、やっぱり、身近な人の引退ははじめてだったので……。

ミラノ　え、そうなの？

オカダ　あ、違うかもしれません（笑）。

ミラノ　適当だな～（笑）。

オカダ　でも、僕が日本にいたら、メチャクチャ泣いてたと思いますよ、ハイ。

ミラノ　ホント？（笑）。でも、そう言ってくれるだけでうれしいですよ。

「僕に知らず知らずのうちにミラノイズムが（笑）」（オカダ）

オカダ　ミラノさんは、新日本入団当初の僕の試合ぶりは、どう見てましたか？

ミラノ　実際、対戦もしてるんですよね。僕&タイチvs岡田かずちか&吉橋伸雄《よしはしのぶお》とか。いや、ルチャスタイルじゃなくて、ちゃんと新日本らしい戦いをやっていくんだなって思いましたよ。要するに海外で学んだことを引き出しにしまっていたので、「あのジャーマン、やらないのかな？」とか思いましたし。ようやく最近、解禁して（笑）。

オカダ　ジャーマン、そんなに好きじゃないので（笑）。でも、僕のホントの若手の頃というか、闘龍門時代を知ってるのはミラノさんだけじゃないですか？　だから、ミラノさんと試合をしたときに、「ああ、俺もレスラーになったんだな」って思いましたね。

ミラノ　もちろん、コッチもカズと試合するようになって、その素質も感じたけど、周りもそういうことを言わなかったから、僕も当時は口にしなかったというか。でも、あとからバーンと飛び抜けてきて、「やっぱり、そうだよな」とは思いましたよ。そもそも、あのドロップキックだって、若手の頃から出してましたから。

オカダ　レインメーカーとして、凱旋してきたときの僕の印象は？　とくに見てなかったですか？（ニヤリ）

ミラノ　いや、コッチは解説をやってるので（苦笑）。最初、東京ドームにヒゲづらで一度帰ってきたじゃないですか？（11年1月4日、後藤とのタッグで、杉浦貴《すぎうらたかし》＆高山善廣《たかやまよしひろ》組と対戦）そのときは「ここからまた、少しずつ上を目指していく感じになっちゃうのかな」って思ったんですよ。でも、またガラッと変わって戻ってきたので、「だよね」って思いました。

オカダ　だよね、ですか？

ミラノ　普通、凱旋を皮切りに、トップを目指す戦いに入っていくと思うんですよ。でも、カズは帰ってきて、あっという間にベルトを奪取したので、そこが新日本育ちっぽくないというか。〝校長イズム〟が入ってるなとは思いましたね。あの、敬語を使いながら先輩を見下す姿とか。

オカダ　へえ、そうなんですね（ニヤリ）。
ミラノ　まあ、じつは昔の僕が、そんな感じだったんですけど（苦笑）。
オカダ　おっ、じゃあ、僕に知らず知らずのうちにミラノイズムが（笑）。
ミラノ　いや、けっこう周りから僕、言われるんですよ。コッチの過去の試合を観た人に、「昔のミラノさんって、オカダさんに似てますよね？」って。それを聞いて、「あ、カズが俺にじゃなく、俺がカズになんだ」って、時代の移り変わりを感じました（苦笑）。
オカダ　ミラノさんが〝似てる側〟なんですね（笑）。
ミラノ　ただ、ウルティモ校長と最近のカズについて話したときに、「俺はオカダを新日本に預けたときに、こうなると思ってたよ」ってドヤ顔で言うんですけど、「それ、後付けじゃないの？」とは思いました（笑）。
オカダ　ハハハハ！
ミラノ　でもまあ、ホントにカズは新日本の歴史を変えましたよね。
オカダ　いやいや、その前にミラノさんが歴史を変えてくれましたから（笑）。
ミラノ　またあ〜、心にもないことを（笑）。
オカダ　ちなみにミラノさんが解説席から見て、いまの新日本で僕以外に注目している選手は？

ミラノ　いまは内藤哲也選手ですね。ああいう感じ、僕は大好きなんで。いい子チャンで優等生の内藤選手から、ふっきれたという部分で注目してます。カズから見てどうですか？

オカダ　僕、ほとんど知らないんですよ。バックステージで「なんか、入場曲がズッと流れてるな」って思うくらいです（ニヤリ）。

ミラノ　なるほど（笑）。あと、僕がファン目線で楽しんでるのは田口選手ですかね。昔、自分とやりあってた頃とは、気持ちいいくらいかけ離れた姿になっているので（笑）。

「僕、コーナーに登るときにミラノさんを意識してます」（オカダ）

オカダ　いま、ミラノさんは施術のお仕事をされてますが、その道に入ったきっかけは？

ミラノ　ケガで欠場しているあいだに、ちょっとでも身体をよくしたいと思って、いろんなマッサージを受けたんですけど、その中で足踏みが一番効果あったんですよね。その頃、じつは不動産会社の内定をもらってたんですけど、足踏みに興味を持ったので弟子入りをして、お茶出しや洗濯係からはじめました。

オカダ　違うジャンルで下積みからはじめたわけですね。新日本から何か話はなかったんですか？

ミラノ　一応、「営業本部長で残ってくれ」とは言われました。だから、それに加えて不動産、足踏みと3つの選択肢があって。ただ、プロレスの仕事をすると、またリングに上がりたくなるだろうなと思って。

オカダ　ああ、それはあるかもしれないですね……。あれ？　でも、解説の仕事やってますよね？（笑）

ミラノ　いや、ソッチは副業なので、また気持ち的にも違うというか……（苦笑）。

オカダ　なるほど、プロレスの仕事は気分転換でやってる、と？（笑）

ミラノ　そんな、人聞きの悪い（笑）。ちゃんと僕なりに考えて、解説はやらせてもらってますよ。たとえば、選手から見て巧いけど、ファンにはなかなかわからない選手がいたら、「あの選手は技を受けて痛がりながらも、ポジションを移動してますよね？　あれは次に何か狙ってますよ」とか、そういういろんな見方を提示してあげると、視点の幅も広がると思うんですよ。

オカダ　ミラノさんの解説は好評ですよね。

ミラノ　いやあ、カズは「一般人が解説席に座ってるな」としか思ってないでしょ？（笑）

オカダ　いやいや。僕、コーナーに登るとき、ちょっとミラノさんを意識しますよ。

ミラノ　あ、たしかに何度か視線は合ってますね！（笑）。で、僕がニコッて返すと、「調

子に乗るなよ」みたいにパッと目をそらすっていう（苦笑）。

オカダ　ハハハ！　まあ、いまは僕のほうがキャリアも長いですから（笑）。じゃあ、そろそろお開きの時間なんですけど、最後にミラノさん、『オカダの部屋』に出た感想は？

ミラノ　こうしてふたりでジックリ話したこともなかったので、いい機会になりましたよ。昔と変わってないカズチカ選手が垣間見えたのも懐かしかったですし。もっと、見下されて、グチャグチャになるかと思いましたけど（苦笑）。

オカダ　いやいや、ミラノさんは僕にプロの厳しさを最初に教えてくれた大先輩ですから（ニヤリ）。また、試合中、解説席で目が合ったときは、パッとそらしたいと思います（笑）。

ミラノ　ハハハ、ホント大物になったよねえ（苦笑)。これからも解説やりながら、羨望《せんぼう》の眼差しで見守らせてもらいます(笑)。

［第8回ゲスト］

オカダ・カズチカ
×
タイガー服部

「今度生まれ変わったら
社長になって団体を牛耳って、
オカダをアゴで使ってやりたいよ（笑）」

［収録日 2016年3月］

新日本プロレスの海外コーディネーターや、外国人選手の相談役として活躍する"レフェリー界のレジェンド"タイガー服部さんと言えば、オカダのことを若手時代からよく知る人物。42歳の年齢差を飛び越えて、レインメーカーが業界の"重要参考人"から抱腹絶倒の秘蔵エピソードを、これでもかと引き出す!

タイガー服部(たいがーはっとり)
1945年7月20日生まれ、東京都出身。明治大学時代にレスリングで全日本選手権、世界選手権を制覇。大学卒業後に渡米し、レスリングのコーチをしながら、アメリカで活動していた日本人プロレスラーのマネージャーも務めた。その後、長州力に誘われる形でレフェリーとして、日本に活動場所を移す。90年代からは新日本のメインレフェリーとして活躍。現在は海外経験を活かし、外国人レスラーのエージェントとしても辣腕を振るう。

「石井ちゃんはマンガだよな、アイツ（笑）」（服部）

オカダ　今回のゲストは、語学堪能なタイガー服部さんに来ていただきました。服部さん、アー・ユー・レディ？

服部　ア、アー・ユー・レディ!?　ちょっと待って、これはどんなコーナーなの？

オカダ　僕がMCとしてゲストの方にいろんな話を聞く企画です。ちなみに服部さん、MCって何の略かわかりますか？（ニヤリ）

服部　エッ、ディレクターでしょ？

オカダ　それだと〝D〟はじまりですね（笑）。

服部　じゃあ、チーフか。

オカダ　それだと〝C〟です（笑）。正確には〝マスター・オブ・セレモニー〟の略なんですけど……、服部さん、ホントにニューヨーク暮らしですか？（笑）

服部　何言ってんの、俺は本物のニューヨーカーよ！（笑）

オカダ　では、本題に入りましょうか。あらためて……服部さん、アー・ユー・レディ？

服部　エニイタイム、オーケーよ（笑）。そもそもさ、俺がこの世界に関わったのは……。

オカダ　（さえぎるように）あ、服部さん。コッチが聞きたいことを聞くんで、それに対して答えてください（笑）。

服部　ああ、そういうシステムね、ソーリー、ソーリー（笑）。

オカダ　じゃあ、仕切り直して……、まずは石井さんがラスベガスのホテルのエレベーターに閉じ込められた話をしましょうか（笑）。

服部　ハッハッハッ！　ホント、マンガだよな、アイツ（笑）。

オカダ　2月のROH遠征でエレベーターが急に止まって、1時間半にわたって閉じ込められたんですよね（笑）。あの日、石井さんは第1試合だったんですけど、試合後にシャワーを浴びに、自分の部屋に一度帰ったんですよ。会場がホテルの近くだったんで。

服部　それは会場のシャワールームがしょっぱかったの？

オカダ　なんか、シャワーの出が悪かったんですよ。

服部　あれ、自分の試合前だったら、たいへんだったよな。

オカダ　そうですね、エレベーターに閉じ込められて緊急欠場（笑）。僕はグループLINEで知って、外道さんに「石井さん、閉じ込められたらしいですよ」って言ったら、「大丈夫か？」とかじゃなく、「アイツ、何やってんだよ」って笑ってましたけど（笑）。

服部　俺も笑ってたよ、みんな大笑いだよ（笑）。

オカダ　なんか、最終的に石井さん、自分より身体の大きい女性にドアを開けてもらったらしいですね（笑）。
服部　そうそう、石井ちゃんがどうにもできなかったドアを、アンコ（太った体型）のオバちゃんがガーッて開けたんだってさ（笑）。
オカダ　ハハハ！　石井さん、エレベーター内で腰が痛くなって、しまいには寝転んでたらしいですよ。結局、石井さんがエレベーターから脱出できたのも、僕が試合終わるくらいのタイミングでしたけど（笑）。
服部　よかったじゃない、いい海外の思い出ができて（笑）。
オカダ　そもそもROHと交流するようになったのって、服部さんがきっかけなんでしたっけ？
服部　順を追って話すと、最初は数年前に「どこかアメリカの団体と交流できないかな？」と思って、ニュージャージーにあるインディー団体と手を組んで大会をやったんだよ。
オカダ　ああ、11年の5月ですよね。インターコンチの初代王者決定トーナメントがあって、アメリカ修行中だった僕も出場して。
服部　あのときはコストもかかったし、いろいろとたいへんだったんだけど、海外で新日本の試合を見せることに手応えがあったんだよね。で、そのあと、ROHのアナウンサーのケビン・ケリーとロッキー（・ロメロ）が繋がっていて、ニューヨークの俺を訪ねてきたのがスタートかな。

オカダ　なんだかんだ、ＲＯＨとも4年くらいになりますよね。

服部　そうだね。あそこはちょっと前にノアとかドラゴンゲートとか、日本の団体ともビジネスをやってたし、定期的に組んでいく団体としては、規模的にもベストかなって思ってさ。

オカダ　じゃあ、話を整理すると、ＲＯＨとつながったのはロッキーのお陰で、服部さんはとくには何もしてない、と（笑）。

服部　そう、ロッキーのおかげ（笑）。

オカダ　僕はＲＯＨに対しては、メキシコにいた頃からいいレスラーが揃ってるなって思ってましたね。いま、アメリカ人レスラーのトップどころも、ＲＯＨ出身者が多いですし。

服部　オカダがＴＮＡに上がったときにレコメンドしてたヤングバックスも、もともとＲＯＨだもんな。あと、あの団体だとカイル（・オライリー）と（ボビー・）フィッシュのタッグもいいよね。アイツら、プロだよ。

オカダ　ｒｅＤＲａｇｏｎですね。じつは僕、カイル・オライリーがＲＯＨに参戦する前、ほかの小さい団体に出てた頃から、いいレスラーだなって思ってたんですよ。

服部　あ、そうなんだ。昔から見る人が見れば、そう思われてたのかな。

オカダ　まあ、僕がいいなって思ったレスラーは、みんな活躍してますね（ニヤリ）。

服部　さすがだねえ。そうそう、4年くらい前かな？（バッドラック・）ファレがアメリカで武者修行してたときにニューヨークでメシ食う約束して、寿司屋に連れてったのよ。そのときにアイツ、若いカナディアンも連れてきてさ。で、ソイツが「僕は柔術が好きなんです」っていうから、「おもしろいレスラーがいるんだな」ってくらいで、そのときはとくには気に止めなかったんだけど。

オカダ　なるほど、話が見えてきましたよ（ニヤリ）。

服部　そう、ご想像のとおり、それがオライリーでさ。そのときにアイツ、「ニュージャパンのリングで戦うのが夢なんです」って言ってたんだけど、それから半年くらい経ったら新日本に上がるようになって、KUSHIDAなんかとすごい試合したもんな。カナディアンはアメリカンに比べてマジメだね、ハングリーっていうか。しかし、チャンピオンはお目が高いねえ。

オカダ フフフ、次は4月の両国に来る（ウィル・）オスプレイに注目してもらいたいですね。とにかく、身体能力や機動力がハンパじゃないですから（ニヤリ）。

服部 そうか……。年寄りにはレフェリングは難しそうだな（苦笑）。

「ホーガンに『マサオ』って呼ばれてましたよね」（オカダ）

オカダ 服部さん、僕とはじめて会ったときのこと、覚えてますか？

服部 ……いま言われて思い出したよ。メキシコだよな？

オカダ そうです、僕のデビュー戦の日ですよ（04年8月29日）。

服部 浅井（ウルティモ・ドラゴン）の道場行ったら、オカダがちゃんこ作っててさ。もう、作ってないよな？

オカダ 僕がいま、道場でちゃんこ作るわけないじゃないですか（笑）。

服部 そうか、チャンピオンだもんな（笑）。あの頃はアナタも優しい青年だったよなあ。

オカダ　フフフ、まだ「服部さん、何か飲まれますか？」とか気を遣ってましたよね（笑）。というか服部さん、あのときはなんでメキシコ来たんですか？

服部　浅井に呼ばれたんだよ、レフェリーもやったし。

オカダ　そうか、あの頃は闘龍門とLA道場（かつて新日本がロサンゼルスに開設していた道場）が提携関係だったんですよね。ロッキーとかコズロフ、あとはダニエル・ブライアンもメキシコに来ましたし。

服部　LA道場もいろんなヤツがいたからなあ。

オカダ　僕がはじめて服部さんに会ったときは、「ああ、新日本の人だ。すごい人が来たから粗相がないようにしないとな」って思いましたね、フフフ。

服部　いまや大逆転だなあ。

オカダ　はい、服部さんよりすごい人になっちゃいました（笑）。でも、服部さんには僕が10年2月からTNAに遠征するときもお世話になりましたから。

服部　あのときは俺が連れてってやったんだもんな！（ドヤ顔）

オカダ　たしかに空港から会場まで運んでもらいましたね（笑）。

服部　そのときにタマ（・トンガ）のオヤジとかを紹介してやったんじゃない？

オカダ　そうですね、キング・ハクさんとか。いろんな人たちが服部さんに「タイガー、タイガー」って話しかけてて、(ハルク・) ホーガンには「マサオ!」って下の名前で呼ばれてましたね (笑)。あと、スコット・ホールやケビン・ナッシュ、AJ (スタイルズ) ……、それとヤングバックスとか。

服部 俺、ヤングバックスがいたのを覚えてないんだよ、本人たちにもTNAで会ってるって言われたんだけどさ (苦笑)。

オカダ 服部さん、歳ですね (笑)。で、僕はアメリカではトンガさん (ハク) にお世話になって。免許を取りに行ったときも、トンガさんがテストの通訳をしてくれて。

服部 ハクは日本通だから、コッチの言葉もしゃべれるしな。

オカダ でも、その通訳でテストが逆にわかりづらくなっちゃって、試験官の人に「アンタ、日本語でヘンなこと言ってない?」って注意されてましたけど (苦笑)。

服部 アイツ、何年経っても英語がしょっぱいんだな、俺と一緒だよ (笑)。あのとき、名前は忘れちゃったけど、TNAの若い選手を日本に連れてこようとしたんだよ。そうしたらハクに「俺の息子を頼むよ」って言われて、それがタマなんだけどさ。

オカダ 「オカダの面倒を見るから、息子を世話してほしい」って感じですよね。

服部 そうそう。まあ、アイランダーは時間にルーズだからさ、タマが来たのはしばらく経ってからだったけど。でも、タマも道場に3年くらい入ってたんじゃないかな。

オカダ 僕、トンガさんについて服部さんにいろんなエピソードを聞いてたんで、最初は怖かったですよ。なんでしたっけ、ケンカ相手の目をくり抜いたでしたっけ？

服部 それ、ホントの話よ。たしかアイツがＷＷＦ（ＷＷＥの前身）にいた頃で、相手はポートランドのプロモーターの息子。えばりくさってたのが許せなかったらしいよ。で、もう1回はフロリダで……。

オカダ あ、目は1回だけじゃないんですね（笑）。

服部 いろいろやってんだよ、アイツ。酔ったら素手で窓ガラスとか平気で割るし。

オカダ 僕、トンガさんに「タマの友だちの結婚パーティーがあるから、おまえも行くぞ」って連れていってもらったことがあるんですよ。で、トンガさんがベロンベロンに酔っ払っちゃったんで、「ヤバい、なんか起こったらどうしよう」ってドキドキしたのを覚えてます（苦笑）。

服部 何もなくてよかったよ（笑）。俺はハクのこと、麻布警察にも迎えに行ってるもん。六本木で飲んでてケンカになって、サラリーマンを頭の上に持ち上げて、そのまま大きな窓ガラスに投げつけちゃってさ。

オカダ ケンカのスケールがさすがですねえ。

服部 でも、アイツは奥さんには弱いんだよ。昔、オーランドでポリスに手錠をかけられて、それでも暴れてたらしいんだけど、警察署に迎えに来た奥さんが、ぶっといベルトでハクをボコボコにしたらしいよ（笑）。

オカダ　……僕、それと同じような話を、服部さんからべつのレスラーの名前で聞きましたよ？（笑）

服部　あ、ソッチはたぶん、ハクのパートナーの話よ、コンガ・ザ・バーバリアン。それはサンフランシスコのほうね。

オカダ　オーランド版とサンフランシスコ版があるんですね（笑）。

服部　アイランダーはメチャクチャだもん（笑）。

オカダ　服部さんから見て、タマ・トンガもその血を引いてるようなところはありますか？

服部　あるんじゃないの？　もともとアイツは軍人で、イラク戦争の最前線に8か月いたんだよ。だから、新日本に来たときは、まだPTSD（心的外傷後ストレス障害）みたいな感じで、ケンカばっかりしててさ。ファレと、ものすごいケンカしてたもん。

オカダ　あのふたり、親戚同士かなんかじゃなかったでしたっけ？

服部　そのときはまだ、お互いに親戚って知らなかったんだよ。あるとき、ファレのおばさんがタマの写真を見て、「このコ、知ってる！」ってなって、親戚同士ってわかってさ。それからは仲よくなったっていうか、同じ時代に同じ道場で生活して、いまはふたりとも立派になって大したもんだよな。

オカダ　今度はタマの弟（タンガ・ロア）も来ますしね。

服部　これも荒くれ者かもしれないね、アイランダーは怖いよ（笑）。

「俺、アマレスの全米選手権で優勝したんだけどさ」（服部）

服部　しかしまあ、いまの選手は俺より英語がうまくなっちゃってるよな（苦笑）。昔はみんな、俺のことを頼ってたんだけどさ。オカダなんかスパニッシュもいけるし、海外に友だちも多いし、俺の出る幕じゃないよ。

オカダ　……そうですね（笑）。

服部　ハッハッハッ！　ホントのこと言うなよ、会社に俺が必要ないって思われちゃうじゃん（苦笑）。

オカダ　フフフ、服部さんのお手を煩《わずら》わせなくてもって意味ですよ（笑）。僕もアメリカ行く前、ウルティモ校長のお付きで海外はいろいろ経験してますから。

服部　オカダは大したもんだよね。俺は最初にフロリダの会場に連れてってただけで、あとは自分で免許取ったり、車買ったりしてさ。その土地土地に馴染むのが早いよ。べつに持

ち上げるわけじゃないけど。
オカダ　いや、持ち上げていいですよ（笑）。
服部　でも、聞くところによると、車で事故起こしたらしいじゃん？（笑）
オカダ　いや、事故じゃなくて、コッチがうしろからブツけられただけです（苦笑）。そもそも、日本に帰る前に売ろうと思ってたんですよ。で、「買ったときくらいの金額にならないかな、でもボロも多いし無理だろうな」とか考えてたらブツけられたんで、その保険で元が取れたっていう（笑）。
服部　やっぱり、しっかりしてるよねえ（笑）。オカダみたいにたくましいタイプも、あんまりいないよ。
オカダ　僕の場合、ヘルプしてくれる人を自分でいろいろ見つけてきたっていうのはあるかもしれないですね。当時はまだ、服部さんと仲よくしてたわけでもないですし（笑）。

服部　よく言うよ！　その頃はソッチも20そこらのガキンチョなんだから、そもそも話なんか合わないよ（笑）。

オカダ　僕だっておじいさんなんかと話は合わないですよ（笑）。年の差、42もありますからね。

服部　え、そんなに離れてる？

オカダ　下手すりゃ孫とおじいちゃんですよ。

服部　……（ニヤリと笑いながら右腕に力こぶを作る）。

オカダ　〝若い者には負けない〟アピールですか（笑）。

服部　もう、歳のことはいいから、次の話にいってよ（笑）。

オカダ　じゃあ、昔のことを聞いていきましょうか。服部さんはレフェリーになる以前、アマレスで海外を転戦していて、その流れでプロレスラーにアマレスを教えてたとか？

服部　そうそう。けっこう、みんな習いに来てたよ。ホーガンとか。

オカダ　もっと、大物いないですか？（ニヤリ）

服部　え、ホーガンよりも？　ホーガン以上も、なかなかいないだろう（苦笑）。

オカダ　フフフ。すごいですね、服部さんはそんな大物にもレスリングの手ほどきをしていた、と。

服部 でも、べつに俺個人でってわけじゃないんだよ。あの当時、アメリカには各州ごとにプロレス団体があってさ。え〜と……どこから話せばいいかな？

オカダ どうぞお好きなように話してください、時間はあるので（笑）。

服部 オーケー（笑）。そもそも、俺はアマレスの世界選手権の帰りにニューヨークに寄って、そのまま居着いてたんだけど、ナインティセブンティーンかな？　1970年頃にアマレスの全米選手権で、フロリダのタンパに行ったわけ。そこで俺は優勝したんだけどさ。

オカダ 服部さん、全米選手権で優勝してるんですか？　すごいおじいちゃんですね！

服部 その頃はおじいちゃんじゃないよ！（苦笑）。それに全米選手権なんてたいしたことないって。

オカダ 「全米選手権はたいしたことない」なんて、なかなか言えないですよ（ニヤリ）。

服部 フフフ。で、その大会のスポンサーになってる会社が、エディ・グラハムっていうレスラーが社長をやってた「チャンピオンシップ・レスリング・オブ・フロリダ」（CWF）だったの。

オカダ へえ、プロレスの会社がスポンサーしてたんですね。

服部　あの頃、CWFにはザ・ファンクスとかディック・スレーター、ダスティ・ローデスなんかが上がってて、盛り上がっててさ。で、そこに上がってたヒロ・マツダさんっていう人から、「選手にレスリングを教えてやってほしい」って頼まれたの。俺もまだ独身だったし、タンパは気候もよくて気に入ってたからいい話だなと思って、その仕事を引き受けたってわけ。

オカダ　そこにホーガンが来たんですか？　もともと、ミュージシャンなんですよね？

服部　そうそう。俺、ライブに行ったことあるもん。それも偶然で、俺が借りたマンションに、ホーガンのベストフレンドが住んでたんだよ。それでいっつもふたりでギターの練習してるから、「うるせえなあ」って思ってたんだけど（苦笑）。

オカダ　服部さん、ロックは好きじゃないんですか？

服部　俺は演歌よ、浪花節が好き（笑）。まあ、それでホーガンもプロレスに興味があるってことで付き合いが生まれて、ライブにも何度か観にいった、と。でも、ホーガンがレスリング習いだしてから最初の頃に、アイツの足を折っちゃってさ。

オカダ　え、服部さんがですか？

服部　違う違う、マツダさんよ（笑）。そのあと、ホーガンは一時期、レスリングを習いに来なくなったんだけど、10か月くらいしたら、ものすごい身体になって帰ってきてさ。

でも、そのあとにデビューしたのはフロリダじゃなくて、テネシーだったんだよな。それから俺が次にホーガンと会ったのは新日本で、もう猪木さんとメインで試合するようになってたよ。

オカダ　気づいたらスターになってたわけですね。

服部　ウン、そんな感じ。アイツのことは18くらいから知ってるから。

オカダ　服部さん、僕のことは15くらいから知ってますよ（笑）。

服部　そうか、ホーガンより若い頃から知ってるんだな。オカダもすっかりスターになっちゃったよな、俺をじいさん扱いするくらい（苦笑）。

「服部さんが新日本で働き出したきっかけは？」（オカダ）

オカダ　服部さんはアメリカで活動していた頃、フロリダが拠点だったんですか？

服部　そうだね。フロリダってレスリングもプロレスも盛んな土地でさ。タンパにあったロビンソン・ハイスクールってところが、ホーガンとかディック・スレーター、マイク・グラハム、スティーブ・カーン、オースチン・アイドル……。そこを卒業してからレスラーになった連中が多いんだよ。

オカダ　そういえば前に服部さん、フロリダの時代は1週間、その州の中で巡業できたって言ってましたよね。
服部　そうそう。聞いてビックリするよ？　その頃、マサさん（マサ斎藤）とか高千穂さん（ザ・グレート・カブキ）が、年間320試合やったことあったんだから。
オカダ　へえ、ほぼ週に6試合ですか。
服部　スケジュールも決まってるのよ。サンデーはオーランド、チューズデーはタンパ、ウェンズデーはテレビ撮りでマイアミ。サーズデーはジャクソンビルで、フライデーはサラソタかタラハシーに行って、サタデーはレイクランド。それが年間、ずっとよ。どこの会場もよく埋まってたなあ。
オカダ　服部さんはその頃、何やってたんですか？
服部　マネージャーやってたよ、マサさんとかの。いつも日本の旗振ってさ（笑）。
オカダ　僕でいうところの、外道さんじゃないですか（笑）。
服部　そうそう。だから、インタビューとかも俺が答えてたし。
オカダ　じゃあ、今度外道さんの代わりに、服部さんがいろいろやってくださいよ（ニヤリ）。
服部　いやいや、外道には勝てないよお（笑）。

オカダ　いやいや、勝てますよぉ（笑）。服部さん、フロリダでレスリングを教えてたそうですけど、日本人にもですか？

服部　いや、外国人だけだね。日本人はある程度、技術を身につけてからコッチに来るからさ。長州と仲よくなったのもフロリダにいた頃だよ。ほかにも天龍さんとかジャンボ（鶴田）に、日本じゃなくてフロリダで知り合ってるから。

オカダ　へえ、そうなんですね。

服部　長州は新日本からタンパの（カール・）ゴッチさんのところに送られてきたの。でも、長州はゴッチさんのスタイルが合わなくて、いつもヒロ・マツダさんのジムに来てさ。それから俺もつるむようなって。

オカダ　服部さん、長州さんとはいまでも仲いいですもんね。

服部　この前もサイパン行ってきたよ（笑）。あと、あの頃よく覚えてるのは、まだ天龍さんがあんまり試合がなくてさ。でも、タマのオヤジのキング・ハクが、「チャース！」って金を借りに来て、天龍さんも少ない〝お米〟（＝お金）を無理やり渡してたよ。相撲時代の先輩だからなんだろうけど。

オカダ　僕、アメリカでトンガさんに世話になったときに、言われたことありますよ。「俺が日本人の面倒を見るのは、テンリューさんに世話になったからなんだ」って。

服部　へえ、そういうしきたりが伝統として繋がってるんだね。

オカダ　服部さん、チャース！（手を差し出して）

服部　ダメよ、俺はプアーなんだから（苦笑）。

オカダ　カタいですねえ（笑）。でも、フロリダのマネージャー時代は、それだけ試合があったらガッポリだったんじゃないですか？

服部　そんなことないよ。俺、プロレスで稼いだことないもん（苦笑）。マネージャーとかレフェリーじゃ、オカダみたいなメインイベンターとはゼロが3つ違うよ。オカダ、チャース！（手を差し出して）

オカダ　じゃあ、次の話に行きましょう（笑）。

服部　ソッチだってカタいじゃん！（苦笑）

オカダ　フフフ。そもそも、服部さんが新日本で働くようになったきっかけは？

服部　俺は最初、全日本プロレスで仕事したの。フロリダのCWFで副社長やってたデューク・ケムオカさんに、「ザ・ファンクスを全日本に連れていけ」って言われて。でも、同じ頃に新日本に戻ってた長州が、「ウチに来いよ」って声をかけてきてさ。まあ、俺も人を何回裏切ったかわからないけど（苦笑）。

オカダ　全日本を蹴って、新日本に入ったわけですね（笑）。

服部　でも、ちゃんとデュークさんには「新日本からこういう話をもらいました」って報告したよ。そうしたら「じゃあ、行きなさい」って言われたんだから。べつに契約で揉めたとかもないし。

オカダ　要するに全日本は契約を交わしてたわけではなく、手伝い程度だったたってことですか？

服部　そういうこと。でも、全日本からしてみたら「この野郎」って思われてもしかたないよね。

オカダ　ちなみに服部さんはこの業界で、人を何回裏切ってるんですか？（笑）

服部　いやあ、裏切るっていうか……、俺ね、そもそもこの業界に〝裏切り〟なんてないと思うんだよ。

オカダ　名言が出ましたね、〝この業界に裏切りはない〟（笑）。

服部　いやまあ、辞めるときっていうのはしがらみとか、いろんな事情も入り組んだりするじゃない？　でも俺、長州と新日本を出たり入ったりしたけど、べつに（アントニオ）猪木さんが嫌いになったとかはなかったよ。だからって、最初に声かけてくれた長州に向かって、「いや、猪木さんを裏切れないよ」っていうのも違うと思うし、「新日本を辞めて、失敗してもしょうがないや」って感じだった。もちろん、辞めるときはつらさもあったし

ね、よくしてもらってたわけだし。

オカダ　最終的には自分の人生だから、自分のそのときそのときの気持ちを優先したってことですよね。

服部　そうそう。あと、プロレス界って、くっついたり離れたりはしょっちゅうじゃない？　とくにアメリカはビジネスライクだからあたりまえだし。それを簡単に裏切ったの一言で片付けられるもんなのかなって。邪道と外道もいろんな団体渡り歩いてきてるけど、俺はプロフェッショナルだと思うよ。

オカダ　なるほど……。いまのは「オカダも自分の思うようにやっていけ」っていうアドバイスですよね？（ニヤリ）。

服部　いやぁ（苦笑）。だって、この会社、レスラーと社員合わせて何人いるの？　万が一、オカダが俺みたいに動くことがあったら、それは大きな裏切りだよ（笑）。

オカダ さっき、プロレス界に裏切りはないって言ったじゃないですか！（笑）。まあ、僕は新日本を世界一の団体にするっていう役割があるので。

服部 さすがチャンピオン、期待してるよ（笑）。

「裁いた試合で印象深いのは北朝鮮の猪木vsフレアー」（服部）

オカダ 服部さんがこれまで試合を裁いてきて、印象的な試合はなんですか？

服部 それを聞かれたときに、いつも答えているのがあるのよ。北朝鮮でやった猪木さんとリック・フレアーの試合（95年4月29日、『平和のための平壌国際体育・文化祝典』）。俺、あのときは「この人たち、プロレスの天才だな」って思ったもん。目をつぶってでもレフェリーできるなって。

オカダ 服部さん、目をつぶってレフェリーしちゃダメです（笑）。

服部 いや、もののたとえよ（苦笑）。そのぐらいすごいなって思ったね。試合の間や技のタイミング、お客さんを掌に乗せる術っていうかさ。あのとき、メチャクチャ入ったんだけど、猪木vsフレアーのときは観客のどよめきがすごいんだよ。リングでゾクゾクしたもん。

オカダ レフェリーって選手以外で唯一、リングでお客さんの反応を感じられるポジションですもんね。

服部 あのときは俺もまだ、動けたよ（笑）。いま、ウチのレフェリーはみんな、うまいよな。（レッドシューズ）海野も（マーティー）浅見も（佐藤）健太も。

オカダ 一番ヘタなのは服部さんですか？（笑）

服部 ウン、俺が一番ヘタ！　おまえ、言うなよ、ホントのこと（苦笑）。

オカダ ハハハハ！

服部 俺も若いときは、それこそ服部半蔵《はっとりはんぞう》じゃないけどピョンピョン動けたのに、もうジジイだからさ（苦笑）。

オカダ フフフ。じゃあ、服部さん、次はCHAOSについて聞かせてください。後藤さんも新たに加入したことですし。

服部 あ、後藤さんも入ったの？

オカダ なんで、「さん」付けなんですか（笑）。

服部 そうか、洋央紀もCHAOS入ったんだ。いつ？

オカダ いつって、こないだ僕が握手したじゃないですか（笑）。

服部　どこで？

オカダ　青森ですよ（笑）。

服部　ああ、青森行かせてもらってないもん、俺（笑）。たしか、ニュージーランドで仕事だったから。

オカダ　行ってなくても、リング上の動きは押さえといてください（笑）。でも、服部さんって、割とＣＨＡＯＳの控え室にいますよね。もしかして、ＣＨＡＯＳに入りたいんですか？　服部さんも後藤さんみたいに変わりたいんですか？（笑）

服部　いや、入りたいとは思わない（笑）。でも、洋央紀が入ったのは知らなかったな。俺に挨拶来ないよ、あのヤロー（笑）。

オカダ　べつに服部さんはＣＨＡＯＳじゃないし、挨拶の必要ないじゃないですか（笑）。あと、ＣＨＡＯＳだとロッポンギヴァイスもいますけど、服部さんから見て、あのふたりはどうですか？

服部　ウン？　アイツらもＣＨＡＯＳなの？　ＢＵＬＬＥＴ ＣＬＵＢじゃないんだっけ？

オカダ　服部さん、いい加減にしてください（笑）。

服部　そうか、外国人だからってなんでもかんでもＢＵＬＬＥＴじゃないんだな（笑）。まあ、バレッタは変わってるよね、アーティストだよ、アレ。絵がすごくうまくてさ、達人よ。

オカダ あ、そうなんですか？ へー！

服部 まだ若いのにヒッピーみたいな感じかな。アイツもニューヨーカーなんだよ。また、アイツのお母さんがすごいプロレスファンでさ。ワーキャー騒いでるもん（笑）。

オカダ 今年のドームにも来てましたよね、バレッタから「オカダの試合を楽しんでたよ」って聞きました（笑）。じゃあ、ロッキーについては？

服部 もしかしたらアイツ、プロレスが一番巧いかもしれないね。アイツ、俺と身長変わんないんだよ。でも、ほかのヤツらと身長差を感じさせないじゃん？ リング上のアイツを見てるとすごいなって思うよ。いろんなことを研究してるよね。

オカダ ロッキーは役者の勉強もしてたらしいですね。

服部 アイツ、なんでもできるんだよ。入場曲も自分で作ってるし。前に「どこで作曲とかするの？」って聞いたら、自分のウチにスタジオがあるって言ってたよ。そういう器用さがあるから、あの身体でも何年も第一線で活躍できるんだろうな。

オカダ 服部さん、ロッポンギヴァイスと六本木で飲んだりしないんですか？

服部 ないねえ。というか、いまはもう、誰も俺を誘ってくれないもん（苦笑）。

オカダ 何言ってるんですか、僕がいつでも誘いますよ（ニヤリ）。

服部　ホントにいい？　じゃあ、チャンプのお誘いをお待ちしてますよ、気長にね（笑）。

「選手の退団は服部さんが黒幕ですよね？（笑）」（オカダ）

オカダ　石井さんのことはどう見てますか？

服部　石井ちゃんはもう、子どもの頃から知ってるよ。長州のところにいたんだから。

オカダ　べつにそのときから石井さんは大人ですよ（笑）。

服部　そうか（笑）。長州がＷＪを旗揚げするのに動き出してた頃、俺が電話したときに出たのが石井ちゃんだったの。で、「おまえ、誰？」って聞いたら、「石井です」っていうから、「おまえ、なんなの？」って返したら、「長州さんの若い衆です」って。

オカダ　若い衆（笑）。

服部　「そんなヤツいたかな？」って思ったから、あとで長州に「光雄（長州の本名）、アイツ、誰だよ？」って聞いたら、「アイツはいいんだよ。なんでも話して大丈夫だよ」って言うから、信頼してるんだなって。まあ、石井も日本の古いしきたりで育った男だから、ちょっと変わったレスラーだよね。長州と天龍さん、左右の横綱の元で育ったわけだから。

オカダ　左右じゃなく、東西ですかね（笑）。

服部　ああ、東と西か（苦笑）。まあ、石井はコッチが「もう少し気を抜いたら？」って言いたくなるくらい、身体を張ってるよね。たいしたもんだよ。

オカダ　YOSHI-HASHIさんはどうですか？

服部　YOSHI-HASHIはデリケートだね。俺、メキシコから知ってるけどさ。

オカダ　いや、新日本に入った頃から知ってるじゃないですか（笑）。

服部　そうか（笑）。その頃は全然芽が出なかったし、メキシコでも知らないとこで苦労してんだよ、アイツ。YOSHI-HASHIが日本に帰るとき、一緒に飛行場でメシ食ったんだけど、話聞いてて「コイツ、苦労してんな」って思ったもん。日本に帰ってきてからも、ものすごい苦労してたし。

オカダ　YOSHI-HASHIさんのイメージは「苦労」なんですね（笑）。

服部　なんでかって言うと、メキシコのルチャもすばらしいんだけど、しばらくは新日本にアジャストするのが大変そうだったよ。ようやくここ1、2年くらいで開花してきたっていうか、上がっていったもんな。たぶん、いまはすごくやりがい感じてるんじゃない？

オカダ　僕はYOSHI-HASHIさんは同じ時期に新日本に入って、凱旋も一緒だったので、ふたりで盛り上げていきたいなっていうのはありますね。あと、矢野さんについては？

服部　俺、矢野の店にはたまに行くんだよ。アイツのオヤジのこと、アマレス繋がりでよく知ってるから。アイツのオヤジもちょっと変わってるんだけど、俺が「どうやって息子を育てたの？」って聞いたら、いろんなことやっててさ。子どもの育て方がユニークだと思ったね。

オカダ　たとえば、どんなことですか？

服部　矢野が小さいときに、駅のホームに置いていっちゃうんだって。で、どこかから、矢野がどうするか、その様子を見てるって言ってたよ。

オカダ　ああ、自分でどう切り抜けるかってことですね。

服部　そうそう。あとは人が集まった前でスピーチさせたりとかさ。それで矢野は物怖じしないようになったんだろうけど、オヤジが言ってたよ。「アイツも俺のことを、すごく嫌いな時期があったと思う」って。

オカダ 憎まれ役を買って出ても、英才教育を施したわけですね。

服部 矢野、話すのとか達者だもんな。オヤジもうまいこと育てたんだなって思ったよ。

オカダ なるほど……、服部さん。邪道さんと外道さんの話はべつにいいですか？（笑）

服部 ハハハ。アイツらは俺より職人だし、サヴァイヴがうまいよ。まあ、そのくらいでいいんじゃない？（笑）

オカダ わかりました（笑）。あと、16年に入ってから新日本を去る選手が続きましたけど、服部さんはどう見てましたか？　というか、服部さんの手引きですよね？（笑）

服部 俺は何もやってないよ！（苦笑）。何も知らない、フフフ。まあ、人生いろいろあっていいんじゃないの？　でも、真ちゃんたちにもがんばってほしいよ。新日本で育ったことを忘れないでさ……。いずれ帰ってくるよ、アイツ。というか、全員帰ってくるよ（笑）。

オカダ また、適当な感じですね（笑）。

服部 いや、全員、「やっぱり、新日本が一番よかったな」ってなるさ。アメリカもそんな甘いもんじゃないし、アッチの国は感情抜きで、とにかくビジネス優先だからさ。アメリカの団体に比べると、日本は家族的なところがあるよな。〝お米〟でいったら向こうに敵わないかもしれないけど、ここには違う人生の美しさがあるわけで。これまでもウチからアメリカ行ったヤツも、最終的に日本に帰りたがるのが多いしね。

オカダ そんな服部さんから見て、いまと昔の新日本の違いはどんなところに感じますか？

服部 プロレスそのものがすごく変わったよね。俺が見てきたのはオールドスクール、いまはニュースクール。全然違うものだけど、そのときどきのファン層にガッチリはまるプロレスっていうかさ。いまはオカダみたいにイケメンで強くて……、まあ、頭がどうかは知らないけど（笑）。

オカダ 服部さん、頭がよくないとトップは張れないですよ（ニヤリ）。

服部 ウン、それは言える（笑）。昔は長州とか天龍さんみたいに無骨なプロレスが主流だけど、いまは違うじゃん？　この時代に合ったプロレスの形だよね。俺もオールドスクールだから、最初は理解できなくて「う〜ん」って思うこともあったけど、最近は何も思わないよ。オカダと棚橋の試合なんかすばらしいもん。そこは……。

オカダ ゴホッ、ゴホッ！（さえぎるように咳き込む）。

服部 ダメだよ、キミ。いまいい話してるんだから（笑）。

オカダ じゃあ、ニュースクールの中で、いま誰が一番すごいですか？（ニヤリ）

服部 そうだなあ……、洋央紀かな（笑）。

オカダ ……服部さん、今回はありがとうございました（笑）。

服部　え、洋央紀がオチ？（笑）

オカダ　フフフ。じゃあ、最後に服部さんにとってプロレスとはなんなのか、ひとつカッコいい答えをお願いします。

服部　プロレスは俺のライフだよ、レスリング・イズ・マイライフね。これまでレスリングだけで生きてきて、こんなジジイになっちゃってさ。俺、レスリング以外のライフスタイル知らないもん。

オカダ　僕もそうですね。

服部　俺なんか気がついたら70だしさ、「いつまでやってるのかな？」って思うこともあったけど、感謝してるよ。

オカダ　また生まれ変わってもレフェリーになりたいですか？

服部　いや、次は社長になって団体牛耳って、オカダをアゴで使ってやりたい（笑）。

オカダ　そうなったら僕も「こんな会社、辞めてやる！」って言って、ほかの団体行きますよ（笑）。

服部　オカダは辞めてもらっちゃ困るよ、矢野みたいに手錠をかけないと（笑）。

［第9回ゲスト］

オカダ・カズチカ×後藤洋央紀

「いやもう、CHAOS入りしてから
バリバリ変わりましたね…、変わりましたよ!
え、どんなところ?　気分!（キッパリ）」

［収録日 2016年7月］

2016年3月にレインメーカーにいざなわれるかたちで、電撃のCHAOS入りを果たした“混沌の荒武者”後藤洋央紀。オカダの闘龍門時代をはじめ、じつはレスラー人生で何かと接点の多い二人が、ここでしか聞けない貴重なトークを連発！　一部で天然疑惑の高い後藤による、味わい深い“間”に も注目してほしい。

後藤洋央紀（ごとう・ひろおき）
1979年6月25日生まれ、三重県出身。03年にデビュー。05年3月にヤングライオン杯優勝後、C.T.Uに加入。その後、メキシコ修行を経て07年8月に凱旋すると、ヘビー級に転向。08年には『G1 CLIMAX』初出場初優勝。『NEW JAPAN CUP』はこれまで三度制覇（09年、10年、12年）。16年3月、CHAOSに加入。勇ましい風貌、そして豪快さと器用さを兼ね揃えたファイトで人気を博す。182cm、103kg。

「CHAOSに入ってバリバリ変わりましたね！」（後藤）

オカダ　今回の『オカダの部屋』は、後藤さんに来ていただきました。後藤さん、『オカダの部屋』は読んだことありますか？

後藤　いや、ないです。

オカダ　……CHAOS、あんまり好きじゃないですか？（笑）

後藤　いやいや、そういうのじゃなくて、あんまりこう、読むということがちょっと……（苦笑）。『徹子の部屋』みたいな感じですか？

オカダ　そう思っていただければ大丈夫です。後藤さんもCHAOSに入って3か月経ちますけど、率直に感想のほうは？

後藤　いやあ、なんかもう、あっという間でしたねえ（シミジミと）。

オカダ　そうですか……というか、なんでさっきから敬語なんですか？（笑）

後藤　エッ？（笑）。いや、俺が後輩に対しても敬語なのは昔からですよ。

オカダ　たしかに他団体の若手にはそうかもしれないですけど、僕が新日本に入ってからは、そんなことないじゃないですか（笑）。そんな他人行儀な。

後藤　そうですか？　わかりました。

オカダ　言ってるそばから敬語です（笑）。まあ、徐々にでお願いします。で、後藤さんから見て、CHAOSは本隊と比べて何が違いますか？

後藤　控え室が狭いですね。

オカダ　そこですか（笑）。

後藤　エッ？（笑）

オカダ　いやまあ、たしかに控え室やバスは、CHAOSのほうが規模は小さいですね。やっぱり、本隊のほうが人数も多いですから。

後藤　でも、人数が少ないからか、なんかまとまりは感じるかな？　ちょっと、雰囲気的に落ち着くというか。

オカダ　後藤さん、最初からCHAOSに馴染んでましたよね。全然、緊張もしなかったですか？

後藤　う〜ん、ヤングライオンの頃にはじめて巡業についていって、本隊の控え室に入ったときのほうが緊張しましたね。

オカダ　それはそうだと思いますよ（笑）。

後藤　エッ？（笑）

オカダ　じゃあ、後藤さんはCHAOSに入って、ズバリ自分が変わったと思いますか？

第9回ゲスト × 後藤洋央紀

後藤　変わりましたね！（キッパリ）
オカダ　即答ですね（笑）。
後藤　いやもう、バリバリ変わりましたね……、変わりましたよ！
オカダ　具体的にどんなところが変わりましたか？
後藤　どんなところ？　気分！（キッパリ）
オカダ　気分が変わりましたか（笑）。
後藤　フフフ。いやもう、気分が変われば全部が変わりますよ！
オカダ　ちなみに気分がどう変わりました？
後藤　気分が……、よくなった。
オカダ　ハハハハ！　それはよかったです（笑）。
後藤　なんか、楽になったよね。なんでだろう……？
オカダ　きっと、〝後藤さんっぽさ〟が出せてるからじゃないですか？
後藤　そうそう、なんか素でいけるんだよね。やっぱり、本隊のときは本隊らしくしないといけないっていうのは、多少あったかもしれない。なんかＣＨＡＯＳは自由な雰囲気だから、すぐ馴染めた気がしますよ。べつにベラベラしゃべるとかではないんだけど。
オカダ　ＣＨＡＯＳ自体、控え室でみんなでワイワイっていう感じではないというか。でも、後藤さんはＹＯＳＨＩ-ＨＡＳＨＩさんと一緒に練習したりしてますよね。あと、スナックにも行ってますよね？

後藤　ウン、三澤先生も含めて。

オカダ　中邑さんが抜けた〝ＣＨＡＯＳスナック部〟に後藤さんが入ったというか。

後藤　あ、そんな部があったの？　けっこう、スナックは行きましたよ。

オカダ　最初はＹＯＳＨＩ-ＨＡＳＨＩさんに誘われたんですか？

後藤　なんか、「今日、何するんですか？」「何もしませんよ」「じゃあ、スナックに行きませんか？」みたいな。で、古びたスナックに行ってみると、カウンターに三澤先生が座ってて。

オカダ　なるほど（笑）。で、グラスを傾けるわけですか？

後藤　まあ、飲んでカラオケして。スナックといえばカラオケですから。

オカダ　ＹＯＳＨＩ-ＨＡＳＨＩさんと楽しまれているわけですね。

後藤　なんか、ＹＯＳＨＩ-ＨＡＳＨＩには全然気を遣わなくていいんだよね。というか、向こうもコッチに全然気を遣わないし（笑）。

オカダ　フフフ。後藤さん、ＹＯＳＨＩ-ＨＡＳＨＩさんが若手の頃から仲よかったというか、よく一緒に食事に行ってませんでしたっけ？

後藤　行ってた！　仲がいいというか、俺のことを〝財布〟だと思ってるんですよ。ちょくちょく、「メシ、行きませんか？」って（笑）。

オカダ　ハハハハ！　後藤さん、CHAOSに入るときに「YOSHI‐HASHIはおもしろく思わないんじゃないか」って、インタビューとかで言ってましたよね。まあ、YOSHI‐HASHIさんにしてみれば、自分より実績のある先輩が入ってくるわけですし。

後藤　最初はそういう感情も若干あったと思うんだよね。でも、いざ入ってみたら全然。アイツも気持ちを切り替えたんだかなんだか、わからないですけど。

オカダ　〝財布〟に切り替えたんじゃないですか？（笑）

後藤　そうか、そういうことか（苦笑）。

「僕はこれから後藤さんと組んでいくと思ったら…」（オカダ）

オカダ　後藤さん、ほかのＣＨＡＯＳメンバーについても聞かせてもらえますか？

後藤　メンバーって言っても、俺がＣＨＡＯＳに入ってから、まだ矢野さんとは絡んだことないんですけどね。

オカダ　アレ？　矢野さんがノアに行ったタイミングでスレ違いでしたっけ？

後藤　そうそう、１回もツアーで一緒になってないんで。

オカダ　……いや、そんなことないですよ（苦笑）。

後藤　エッ？（笑）

オカダ　後藤さん、『ＮＥＷ　ＪＡＰＡＮ　ＣＵＰ』の最後にＣＨＡＯＳに入ったじゃないですか？　そのあと、４月の両国までのシリーズで一緒になってますよ（笑）。

後藤　ああ、そうだっけ（苦笑）。でも、そのツアー中に矢野さんと、試合が終わって一緒に食事に行くとかはなかったから……、いや、あった！

オカダ　あったんじゃないですか（笑）。

後藤　いや、違うんです。それは新日本で、じゃないんですよ。いや、新日本で、なのか？

オカダ　どっちですか？（笑）

後藤　なんか、地方巡業で大会後にYOSHI‐HASHIと街を歩いていたら、矢野さんとバッタリ会ったんですよ。たまたま、割と近くでノアも大会をやってたみたいで。
オカダ　へ～、偶然の遭遇だったんですね。何かしゃべったんですか？
後藤　しゃべった！「一緒にメシ行こう」「はい」ってなりました。
オカダ　ガッツリ、矢野さんとCHAOS入ってから絡んでるじゃないですか（笑）。矢野さんは後藤さんが寮生だった頃に、寮長だったんですよね？
後藤　そうそう、メッチャ怖かったですよ！
オカダ　いまと全然違いますか？
後藤　ああ、全然違う。口より先に手が出るタイプだったから。
オカダ　後藤さんが食らわされることも？
後藤　ありました、ありました。まあ、ウチらの代はヨシタツが飛び抜けて怒られていて、それに助けられている部分はあったんだけど。
オカダ　〝避雷針〟だったらしいですね。
後藤　でも、ヨシタツがセコンド中にミスをして、同期も連帯責任ってことで矢野さんに叱られたこともあったし。とにかく、昔はスゲー怖いイメージだったですよ、矢野さん！
オカダ　僕も新日本に入ったときから、矢野さんには怖いイメージがありましたけど、その頃はもうG・B・Hでしたし、道場にも来られてなかったんで、個人的に怒られたりっていうのはなかったですかね。でも、ただただ、怖かったのはたしかです。

後藤　俺なんか、ヤングライオン以降、矢野さんと同じユニットになったことないから、昔のイメージのままなんだよね。

オカダ　怖いままで止まっちゃってるっていうことですね。じゃあ、いまの矢野さんが、手を広げてデニーロポーズをしたり、「ブレイク！」を連発したりする姿は、後藤さんにはどう見えてるんですか？

後藤　いやもう、あれも見ていて怖いです（笑）。

オカダ　ハハハ！　逆に怖いですか（笑）。じゃあ、石井さんはどうですか？　後藤さんが敵対していた頃は、互いにラリアットやヘッドバットをバコバコやりあってましたけど。

後藤　そうですね。自分的にはすごく好きなファイトスタイルっていうか、戦っていても噛み合うなって思ったし。

オカダ　CHAOSに入ってからは、タッグもよく組んでますよね？　後藤さんの牛殺しから、石井さんのスライディングラリアットにつないだり、コンビネーションもいいなって思って見てるんですけど。

後藤　ウン、意外とすぐに馴染めたね。そこはそれまで、メチャクチャやり合ってたからこそ、っていうのはあるかもしれないですね。石井さんとだと連携もすぐに思いつくし、いまのベストパートナーかもしれない。

オカダ 僕から見ても、いいタッグチームだなって思いますよ。僕はてっきり、自分がYOSHI-HASHIさんとのタッグを卒業して、これからは後藤さんと組んでいくのかなと思ったら、すぐに石井さんとタッグとして形になっていたので、「ああ、俺はまだ、YOSHI-HASHIさんとなんだな」って思いましたよ（笑）。

後藤 へへへへ。

オカダ CHAOSのバスでは、後藤さんの前の席が石井さんなんですよね。石井さんが「イス、倒すよ？」って聞いて、後藤さんが「はい」って答えているのを、僕は観察してます（笑）。

後藤 ちゃんと返事してるでしょ？（笑）。でも、石井さんも気を遣ってくれるのか、全然イスを倒さないんですよ。

オカダ いや、もともと石井さんは、あのくらいにしか倒さないですよ。後藤さんが倒しすぎなんじゃないですか？（笑）

後藤 エエッ、そうなの？ 全然、意識したことないですよ。

オカダ 後藤さんのうしろの席がYOSHI-HASHIさんだからじゃないですか？（笑）

後藤　ああ、そうかもしれない。ホント、YOSHI-HASHIとはお互い、気を遣わないから（笑）。

「お酒が入ると俺はもう英語がペラペラ」（後藤）

オカダ　後藤さん、CHAOSに入ってから、まだ邪道さんとは絡みが少ないんじゃないですか？

後藤　ああ、そうですね。あんまり、新日本に上がってないもんね。

オカダ　いまはどこで何をやっているんでしょうね（ニヤリ）。でも、C.T.U（04年〜07年頃に活動していたジュニアヘビー級のユニット）の頃に、後藤さんは邪道さんと一緒だったんですよね？

後藤　そうそう、当時はまだ俺も若手だし、けっこうイジってもらってたイメージですね。でもまあ、邪道さんも矢野さんじゃないけど、怖かったですよ。

オカダ　何かエピソードはありますか？

後藤　エピソード？　エピソードねえ……。

オカダ　やっぱり、飲まされたりとか？

後藤　ウン、飲まされましたよ。
オカダ　……。
後藤　……。
オカダ　後藤さん、話を広げようとしてください（笑）。
後藤　エッ？（笑）
オカダ　「こんなに飲まされた」みたいな話はありますか？
後藤　……書けそうな話がちょっと（苦笑）。
オカダ　なさげですか（笑）。
後藤　でも、基本的には怖かったので、C.T.Uの頃はそんなには話してないんじゃないかなあ。
オカダ　じゃあ、そんな怖かった邪道さんが、いまやももクロにハマっている姿はどう見てますか？
後藤　まあ、それは人それぞれの趣味なんで、いいんじゃないでしょうか（笑）。
オカダ　後藤さんは好きなアイドルとかいたんですか？
後藤　ええ、俺？　う〜ん……、なんだろう？
オカダ　モーニング娘。ですか？

後藤　いやあ、べつに好きではなかったかなあ。なんだろう、アイドル、アイドル……（熟考）。

オカダ　後藤さん、次の話に行ってもいいですか？（笑）

後藤　エッ？（笑）

オカダ　外道さんについてはどうですか？　後藤さんが入って、「CHAOSにYOSHI-HASHI以外に天然が増えた。力入るわあ」って言ってましたけど（笑）。

後藤　へへへ。外道さんはそうだなあ、外道さん、外道さん……どうなんですかね？

オカダ　後藤さん、じつはCHAOSに馴染んでないんですか？（笑）

後藤　いやいや（苦笑）。外道さんは俺とかYOSHI-HASHI含め、全員をうまくコントロールしてくれているっていうイメージですかね。

オカダ 僕はそれ、矢野さんがやってくれていると思うんですけどね。

後藤 あ、そうなの？

オカダ でも、いまは矢野さんがノアに上がっているので、後藤さんはまだ実感する部分がないかもしれないですけど。

後藤 たしかに。いまのところ、俺の中では外道さんがまとめてるようなイメージが強いかな。

オカダ 外道さんはツッコんでくれますからね。

後藤 そうそう、ひとりひとりの個性を理解しながら、采配を振るうというか。

オカダ 外道さん、監督みたいですね（笑）。あれですね、後藤さん、ＹＯＳＨＩ‐ＨＡＳＨＩさん以外のメンバーに関しては、口が重いですよね？（笑）

後藤 いやいや（苦笑）。まあ、ＹＯＳＨＩ‐ＨＡＳＨＩとはお互い、気を遣わないっていうのは大きいと思いますよ。

オカダ よく、ふたりでホテルの大浴場とか行ってますよね？

後藤 違うんですよ。なんか、大浴場に行くと、ＹＯＳＨＩ‐ＨＡＳＨＩがいるんですよ。

オカダ ああ、ふたりとも、大きなお風呂が好きですもんね（笑）。

後藤　そうそう。だいたい、試合が終わってホテルに帰って、大浴場行くとアイツもいて。で、一緒に洗濯を回しに行ったり。

オカダ　やっぱり、一緒に行動することが多いですよね。僕が「3人で帰りましょう」って言ったのに、後藤さんとYOSHI-HASHIさんだけで帰っちゃうし（苦笑）。

後藤　ああ、あったねえ（苦笑）。だって、遅いんだもん！「まだか？　もう先行っちゃおうか」って（笑）。

オカダ　ひどいですねえ、ふたりで僕のことを置いていって（笑）。じゃあ、ロッポンギヴァイスについてはどうですか？　ロッキーとバレッタですけど。

後藤　バレッタはほとんど話さないかなあ。

オカダ　後藤さん、ロッキーとは長いですよね？

後藤　そうですね、C.T.Uの頃からだから。

オカダ　ロッキーもC.T.Uにいたんでしたっけ？

後藤　ウン、ブラックタイガー。

オカダ　サラッと正体言いますね（笑）。でも、ブラックタイガーの前から、後藤さんとは絡みがあるんじゃないですか？

後藤　アレッ……？

オカダ　ロッキーはアメリカン・ドラゴン（ダニエル・ブライアン）とLA道場から来てましたし。
後藤　アメリカン・ドラゴンとだっけ？　アメリカン・ドラゴンは、ロッキーじゃないパートナーもいなかったっけ？
オカダ　カレーマンですか？
後藤　そうそう。俺、田口と組んで、そのふたりのIWGPジュニアタッグに挑戦してるんですよね。
オカダ　そうなんですね……。まあ、なんかロッキーの話じゃなくなりましたけど（笑）。
後藤　へへへ。あと、ロッキーはメキシコ遠征のときに会ったイメージかな。
オカダ　メキシコで会ったのはコズロフじゃないですか？
後藤　ああ、そうだ、コズロフだ。なんか、ゴッチャですね、俺（笑）。
オカダ　混沌としてますね（笑）。
後藤　外国人は俺、基本的に話さないからねえ。
オカダ　でも、後藤さん、お酒入ると英語しゃべるんですよね？
後藤　そうそう、お酒入ると俺はもう、英語がペラペラ。
オカダ　ハハハハ！　ちゃんと通じ合えてはいるんですよね？

後藤　そうですね、言葉というよりも心で通じ合えてるかな（笑）。

オカダ　心さえ通じ合えば、言葉はいらない、と（笑）。後藤さん。僕とはじめて会ったときのこと、覚えてますか？

後藤　覚えてる！　よく覚えてますよ。俺が海外修行ではじめてメキシコに行ったときに、闘龍門の合宿所にお世話になってね。

オカダ　後藤さん、僕らと練習するだけじゃなく、一緒に住んでたんですもんね。当時、僕は18とかだったんですけど、そのときの印象は何かありますか？

後藤　いやあ、「若いな、すごいな」って思いましたよ。よく、16歳とかでメキシコに行ったねっていう。

オカダ　ハハハ。僕は後藤さんを見て、「ああ、新日本の方がいらっしゃった」って思いましたね。まあ、その前から闘龍門のジムには田口さんとか棚橋さん、中邑さん、邪道さんや外道さんもメキシコ遠征のときに来てましたけど、合宿所に滞在したのは後藤さんだけでしたね。

後藤　1年くらいいたもんなあ。一緒に遊園地、行ったの覚えてる？

オカダ　……。

後藤　行ったじゃん！　メデューサ乗ったじゃん、メデューサ。

オカダ　覚えてますよ（笑）。メデューサっていうジェットコースターに乗ったんですよね。後藤さん的に合宿所の居心地はよかったですか？

後藤　ウン、意外と闘龍門の人たちも年齢がバラバラで、俺と同い年の人もいたし。

オカダ　でも、後藤さんもあんまり、周りとしゃべるようなタイプじゃなかったですよね？

後藤　そう……ですね。

オカダ　あの頃は静か～に練習やってたイメージがあります。周りに気を遣ってたんですか？

後藤　いや、そういうわけでもないんだけど……、ソッチは俺のこと、「暗いなあ」とか「何考えてんのかなあ？」とか、「あ、何も考えてないのか」とか思ってたんじゃないの？（笑）

オカダ　べつに思ってないですよ（笑）。「物静かな方だなあ」って。僕にとっては業界の先輩なので、コッチからフレンドリーに接するのもちょっとって感じでしたよ。

後藤　だから、そんなにあのときに会話はしてないよね。俺はオスカル花岡とか、同い年だった村上さんと仲よかったかな。

オカダ　たぶん、いまの新日本ファンには馴染みのない名前でしょうけど（笑）。

後藤　村上さんはＫＥＮＳＯさんとデビュー戦やったんだよね。

オカダ　あ、後藤さん、ＫＥＮＳＯさんと時期的に被ってましたっけ？

後藤　ちょっとだけでしたね。あとは下田《しもだ》（美馬《みま》）さんとか。下田さんも一時期、闘龍門の合宿所に住まれていたので。

オカダ　あと、新日本に上がる前のKUSHIDAさんもちょっと来ましたよね。

後藤　ああ、そうか。そう考えると、いろんな団体の人がいたんだなあ。そんなには覚えてないけど（笑）。

オカダ　闘龍門のときはそんなにちゃんこがなくて、合宿所の屋上でけっこう、バーベキューやりましたよね。

後藤　そうそう。あの合宿所の周りは、食べることに困らなかったですよね。レストランとかタコス屋もあったし、いい肉屋があって、毎日チキンを買いに行って、食いまくってたっていう。

オカダ　後藤さんにとって、闘龍門の日々っていうのは楽しかったですか？

後藤　メッチャクチャ楽しかった！

オカダ　それはよかったです（笑）。

後藤　ホント、こんなに楽しくていいのかっていうくらい（笑）。

オカダ　また、メキシコもルチャブームの真っ只中だったんですよね。ミスティコがブレイクしていて、会場もどこも満員で。

後藤　ウン、いい時期に行ったなっていうのはありますよ。

「僕とメキシコで試合やってるの、覚えてますか？」（オカダ）

オカダ　後藤さん、闘龍門の興行でトーナメントに勝って、ベルトも巻きましたよね？
後藤　ああ、NWA（インターナショナルジュニア王座）のベルトね。それにコズロフとかも出てたんじゃないかな。
オカダ　そうですね、ウルティモ校長とTAJIRIさんも出ていて、ふたりが直接対決で両者反則とかになって。
後藤　そうだそうだ、俺は決勝でショッカーに勝って、ベルトを巻いたんですよ。あれがシングルだと、はじめてのベルトじゃないかな。ウン、メキシコは楽しかったですよ（笑）。
オカダ　ご飯もおいしくて、ベルトも獲って（笑）。僕とも試合やってるの、覚えてますか？
後藤　覚えてる、アカプルコだ！　シングル？
オカダ　いや、タッグです（笑）。ピースボート（国際交流を目的とした日本のNGO）のイベントで、たしか後藤さんはネグロ・ナバーロ（闘龍門のコーチ）と組んで。試合内容は覚えてますか？

後藤　すごい覚えてる！　メッチャ、強烈なサッカーボールキックやったでしょ？
オカダ　そうです、アレは効きましたね（苦笑）。
後藤　やっぱり、新日本のヤングライオンの試合を、体感してほしかったんだよね。それはやっぱりオカダ・カズチカが相手だったから。
オカダ　それ、ホントですか？（笑）
後藤　ホントホント！　俺も黒パン履いて。
オカダ　いや、ハカマだったと思いますよ？（笑）
後藤　え、ハカマだった？　その頃はまだ黒パンだった気も……。
オカダ　アレ？　ちょっと僕も混乱してきましたね（苦笑）。僕がメキシコで後藤さんと試合したのって、ピースボートのイベントだけですよね？
後藤　ウン、それ以外はやっていないと思いますよ。
オカダ　当時、後藤さんはOKUMURAさん、大原（はじめ）さんとルードのトリオを組んでたじゃないですか？　僕、6人タッグでやったような気もするんですよね……。
後藤　あれ、やったっけ……？　いやあ、やっていないと思うけどなあ。そのときはハカマだったし、オカダとやったのは黒パンのときだけだったような気がするけど……。ウン、やってませんよ。やってたらごめんなさい（笑）。

オカダ　ふたりとも、少しメキシコの記憶があやふやですね（苦笑）。後藤さんといえば、腹を壊しやすいメキシコで、身体を大きくしたのが珍しいというか。

後藤　俺、アッチでメチャクチャに食ってましたからね。

オカダ　たしかに、食べてましたねえ。

後藤　それに、メチャクチャにウエイトもやってたんですよ。

オカダ　あのときはイタリア人のトレーニングパートナーがいたんですよね。

後藤　そうそう、ガブリエルっていうボディビルをやっていたヤツがいて。彼のお陰でスゲー助かりましたよね。ウエイトの補助もうまいし、いろいろと教えてくれたし。

オカダ　留学生みたいな感じで闘龍門に来て、

メキシコで何試合かやってるんですよね。

後藤　ついこないだのドラゴマニア（ウルティモ・ドラゴン自主興行）にも出たらしいよ。オスカル花岡さんからＬＩＮＥが来て、ひさびさに〝ガブ〟と話したけど、懐かしかったなあ。

オカダ　旧交を温めたわけですね。後藤さんはメキシコにいた頃、危ない目に遭ったことはないですか？　邪道さんと外道さんは撃たれそうになったらしいですけど（笑）。

後藤　俺はなんだろ……。あ、地下鉄が停電になったのはアセッた！　エスカレーターに乗ってたら真っ暗になって、なんにも見えなくて。

オカダ　また、メキシコの地下鉄って、けっこう深いんですよね。

後藤　そうそう。あのときは周りの人もみんな、すごく慌ててましたよ。まあ、割と早めに直りましたけど。

オカダ　あ、そうなんですね（笑）。

後藤　エッ？（笑）。あ、もうひとつありましたよ！

オカダ　お、ソッチをお願いします！

後藤　タクシーに乗ってたら、横から車が「バーン！」ってぶつかってきて、事故ったんですよ。で、俺は助手席に乗ってたんですけど、ドアが閉まらなくなっちゃったんで、そのあと乗っているあいだ中、ずっと手で開かないように押さえて。

オカダ　ハハハハ！（笑）

後藤　だって、手を離したらドアが開いちゃうから（苦笑）。ホント、向こうの交通事情はムチャクチャですよね。そうやって当ててきたヤツは、そのまま逃げちゃうんだから、すごい世界。ソッチは危ない目に遭遇したことはないの？　スリに遭ったとか。

オカダ　いやあ、僕は何もないですね。

後藤　なんか、オカダはメキシコにすごい馴染んでいるように見えましたよ。言葉もペラペラだったし。

オカダ　いや、ペラペラではないですよ（笑）。

後藤　あ、そう？　なんか、勝手にペラペラのイメージがあるな（笑）。

オカダ　そういえば後藤さん、アレナ・メヒコでやっていたＣＭＬＬの練習会に、よく行ってましたよね？

後藤　一応ね。朝７時からだったから、６時に起きて行かないといけないんですよ。

オカダ　あれはトップどころしか出られない練習なんですよね。でも、朝早いだけで、そんなに内容的には意味なかったみたいで（笑）。

後藤　そう、べつにたいしたことはないっていうか、闘龍門でも同じことをやってたから。

なんだろ、あれは〝見せ練習〟っていうんですかね。

オカダ　ＣＭＬＬのエラい人たちの前で、「こんな練習してますよ」って見せるための練習だったみたいですね。何かほかに、メキシコで印象深いことはありますか？

後藤　印象深い……。あ、アカプルコに行ったの覚えてる？

オカダ　ああ、覚えてます！　ウルティモ校長の別荘に泊まったんですよね。

後藤　そこにプールがあったんですけど、アレは飛び込み台からカンクン・トルネードしたんだっけ？（笑）

オカダ　いや、ファイヤーバードスプラッシュです。僕が勢いよく飛んだら水面に「バチン！」ってぶつかってノドを切って、口から血を吐くっていう（苦笑）。

後藤　いやあ、アレは「スゲ～」って思いましたよ（笑）。

オカダ　校長の豪華な別荘に着いて、すぐに「よし、プールに行こう」ってなったのに、最初にファイヤーバードで飛び込んだらあんなことになったんで、「うわ～、最悪だ」っていう……（苦笑）。よりによって、それが印象深いんですか（笑）。

後藤　いやあ、アレは忘れられないですよ（笑）。

「俺、演技とか、メチャクチャ自信ある！」（後藤）

オカダ　僕が新日本に入団してからも、後藤さんとは接点が多かったですよね。『G1タッグリーグ』（09年）にも一緒に出ましたし、僕がアメリカ遠征から1・4東京ドームで一度帰国したときも、タッグを組んでもらって（11年・vs髙山善廣&杉浦貴）。

後藤　ああ、言われてみるとたしかに。ドームで組んだときは、「スゲー、デカくなったな」って思いましたよ。

オカダ　いまよりデカかったですからね（笑）。たぶん、110kg以上はありました。

後藤　俺、110まではいったことないもの。そのくらいになりたいなとは思ってるんだけどね。

オカダ　僕も一応、武者修行前の会見で「身体も〝バケモノ〟になって帰ってくる」って言ってたんですけど、結果的に「やっぱ、デブはダメだな」と思って（苦笑）。

後藤　動きづらかったの？

オカダ　いや、ドロップキックもできてたんですけど、ウルティモ校長からも「ただのデブはダメだよ」って言われてましたし。まあ、結果的には絞ることになって。

後藤　俺は逆に増やしたいんですけど、ただのデブにならないようにしないと（笑）。

オカダ　ＹＯＳＨＩ－ＨＡＳＨＩさんと一緒にたくさん食べてもらって（笑）。あと、いまの新日本マットについても聞きたいんですけど、ロス・インゴベルナブレス・デ・ハポン（以下、Ｌ・Ｉ・Ｊ）についてはどう見ていますか？　後藤さんはＥＶＩＬのことを「渡辺」って呼んでますよね（笑）。

後藤　まあ……、渡辺ですよね（笑）。渡辺高章のときは純粋だったんですよ、俺の誕生日を祝ってくれたりもしたし、割とかわいがっていた後輩だったので。

オカダ　ＹＯＳＨＩ－ＨＡＳＨＩさんみたいに、〝財布〟だったんですか？（笑）

後藤　いや、渡辺の財布はやってない（笑）。アイツはＹＯＳＨＩ－ＨＡＳＨＩみたいに図々しい感じじゃなかったから。それがねえ、いまは何かに取り憑かれたみたいになって。

オカダ　だから、正気に戻すために「渡辺」って呼ぶんですか？（笑）

後藤　そうそう、「出ていけ～」ってね（笑）。

オカダ　じゃあ、いまの内藤さんはどうですか？

後藤　内藤もねえ、「それがおまえの本性なのか？」っていうのは言いたいですね。無理しているような気もするけど……、よくわかんないなあ。

オカダ　ＩＷＧＰヘビー級王者のときには、ベルトを乱雑に扱ったりもしていましたけど。

後藤　あれはよくないし、ベルトの価値が下がりますよね。目指している人間がバカみたいに思えてくるから。あれは……、よくない。ウン。

オカダ　L・I・Jもまだ勢いがあると思いますけど、CHAOSの勢いは後藤さんにかかっていますから。

後藤　……ウン（神妙な表情で）。

オカダ　僕が後藤さんをCHAOSに誘ったのも、今年のはじめに新日本から人がいなくなっていく中で、「起爆剤になるのは後藤さんしかいない」と思ったからですし。後藤さん、力もありますし、こんなにおもしろいんで（笑）。

後藤　いやあ、でも、あのときの俺はなんていうか、ウゥッ、ゴホッゴホッ！（突然咳き込む）

オカダ　後藤さん、大丈夫ですか？（苦笑）

後藤　失礼（苦笑）。いや、もし、あのときの誘いを断っていたら、俺自身はさらに煮詰まっていたと思いますよ。CHAOSに入ったからには、もっと自分の存在感を示さなければっていうのはありますね。

オカダ　CHAOSとしての後藤さんの魅力が出てくるのも、まだまだこれからだと思うんですよね。それはリング上だけじゃなく、矢野さんプロデュースのDVDも含めて（笑）。

後藤　俺、演技とか、メチャクチャ自信ある！（キッパリ）

オカダ　おお！（笑）。後藤さん、映画が好きですもんね。

後藤　はい、映画好きですから。そこはもう、俺の演技力（ニヤリ）。

オカダ　でも、矢野さんのＤＶＤはドラマとかじゃなくて、ドキュメンタリーみたいな感じですけど（笑）。

後藤　あ、演技じゃないんだ？　ありのまま？

オカダ　はい、ありのままの後藤さんです（笑）。でも、「俺は俳優でもいけるよ」ってことですよね。

後藤　そうですね、じつは俺、すでにインドネシアの映画に出てますからね。ただ、いつ上映するのか、そもそも日本で上映するのかもわからないけど（笑）。

オカダ　気長に待ちたいと思います（笑）。じゃあ、最後に後藤さん、『オカダの部屋』に出た感想をお願いできれば。

後藤　か、感想？　う～ん……（熟考）、また機会があればぜひ。

オカダ　ありがとうございます（笑）。僕はこうして、後藤さんとジックリ話す機会もなかったので楽しかったです。というか、後藤さんが人とジックリ話しているのって、あんまり見たことないですね。それこそ、YOSHI‐HASHIさんとくらいじゃないですか？

後藤　そうですね。俺、あんまり人と話さないからね。本隊にいたときも。

オカダ　本隊のときは、強いていうと誰と仲よかったんですか？

後藤　……キャプテン（・ニュージャパン）（笑）。

オカダ　フフフ。

後藤　フフフ。アイツもYOSHI‐HASHI同様、俺に気を遣わなかったからね。もしかしたら、そういう人間がいいのかもしれないですね。

オカダ　上下関係を気にしないような人が。

後藤　昔は俺、上下関係に超厳しかったんですけどね、いまは全然。

オカダ　でも、矢野さんがいまでも怖いっていうのは、上下関係のなごりが見えますよね。

後藤　ああ～、そうかも。でも、いまさらYOSHI‐HASHIに厳しくしても、「あれ、

〝財布〟なのに」って思われるかもしれないけど（苦笑）。

オカダ　ハハハ（笑）。あと、後藤さんには僕とYOSHI‐HASHIさんが作ったCHAOSカフェ部にも入ってもらっているので、そっちのほうでもひとつよろしくお願いします（笑）。

後藤　こちらこそ。まあ、俺はコーヒーが飲めないんだけど（苦笑）。なんか、コーヒーを飲むと、一日気持ち悪くなっちゃうんだよね。だから、俺がカフェで飲むのは、水。

オカダ　はい、水でお願いします（笑）。

[単行本化記念特別対談ゲスト]

オカダ・カズチカ × 外道

「俺のいる・いらない問題はやめてくれ。
言うなれば、俺はおまえの
チアリーダーなんだから!」

[収録日 2016年10月]

『オカダの部屋』の単行本化を記念して、再びゲストにオカダの名マネージャー、外道が登場!　オカダが2012年の1.4東京ドームに凱旋帰国を果たしてから約5年間、カネの雨を降らせ続けた活躍を、ふたりが水いらずで総括! のはずだったのだが……?　最後を締めくくるにふさわしい、レインメーカーの“雑談力”が炸裂する!

「雑談が本になるのはすごいな、さすがレインメーカー」（外道）

オカダ さて、外道さん。2年続いた新日本プロレスのスマホサイトの人気企画『オカダの部屋』が、ついに単行本化されることになりました。

外道 え、マジかよ？ まず、あれがそんなに続いてるっていうのが衝撃だし、俺たちの他愛ない話が本になるのもビックリだな……。というか、今日のおまえのスーツはツッコミ待ちなのか？（笑）

オカダ フフフ、今日はちょっとおめかしを。

外道 どこで買ったんだ、そのチェッカーズは？

オカダ これはラスベガスです。僕、海外に行くと必ず1、2着スーツを買うじゃないですか？ 最近は海外遠征も多いので、家の中がスーツの雨になってきましたけど（笑）。

外道 そういえば俺、ロンドンでおまえの買い物を1時間待ったことあったもんな。「17時にここで待ち合わせましょう、スーツ買ってきます」って言われてさ。

オカダ いや、あのときは外道さんが集合時間より早めに着いたから、長めに待つことになったんですよ。

外道 べつに10分前行動をしただけだよ、俺は。16時50分くらいに着いて。

オカダ いや、12~13分前には来てましたって。

外道 そんなに変わんないわ！（苦笑）

オカダ で、僕が「17時より30分ほど遅れます」って、連絡したんですよね。

外道 そこからさらに15分くらい遅れただろ？ 結局、計1時間も俺のことをロンドンの路上でほったらかしにして。

オカダ そこはまあ、僕はメキシコ育ちなんで。

外道 なんだ、時間にルーズなのをメキシコのせいにしやがって（笑）。

オカダ フフフ。さて、今回は単行本用の特別収録ということで、これまでの僕の活躍を外道さんと振り返りたいな、と。

外道 あ、ゲストだから俺のことが話の中心かと思ったら、おまえの話題がテーマなのか（苦笑）。

オカダ まあ、CHAOS全体ってことで。なので、いつもみたいに中身のない話だと困るので、ひとつ濃い目のヤツをよろしくお願いします。

外道 失敬だな、中身がないって……。でも、雑談がこうして本になるっていうのはすごいな。さすがレインメーカー、なんでもカネになるね。俺がこの企画に出たときって、まだ連載がはじまったばっかかの頃なんじゃないの？

オカダ そうですね、そのときは「次出るときは還暦祝いで呼んでくれ」ってことだったんですけど、単行本の特別企画には、やっぱり僕のことをよく知っている外道さんにもう一回出ていただくしかないかな、と。ファンからもそういう声が……。

外道 お、あるのか？

オカダ いえ、まったく（笑）。

外道 なんだよ！　でもまあ、還暦ってなると、まだ13年もあるからな。

オカダ 僕のいまのキャリアが13年ですよ。

外道 もう、13年になるのか。オカダもいろいろあったろう？　今日はおまえを泣かしに入っていいか？

オカダ いや、そう簡単には泣かないです（笑）。

外道 そうだな、俺も泣かすようなトークスキルは持ってない（笑）。

オカダ しかしもう、外道さんも60になるんですね、なんか寂しいですね……。

外道 まだなってねえよ！　50にもなってないわ。

オカダ フフフ。僕はこの13年、自分よりも周りの人たちの変化を感じますね。みなさん、お年を召されて。

外道 あんまり、俺を年寄り扱いしないでくれよ……。おまえ、いくつになった？

オカダ　29になります。
外道　もうそんなになったか。てことは、俺が60になったら、おまえは42か。42と60だったら、たいして変わらねえな。
オカダ　いや、さすがに変わりますよ（笑）。もう、外道さんも60になって……。
外道　だから、60じゃねえよ！　何回言わせんだ、まったく……。というか、60まで俺、生きてんのか？（苦笑）。もう、身体ガタガタだし、60になったら腰曲がったままなんじゃねえかな……。
オカダ　もっと小さく見えちゃいますね（笑）。でも、天龍さんが引退試合で、僕と戦ったときは65でしたよ。
外道　あれ、65だったのか、天龍さん。その頃には俺、天龍さんよりボロボロになってるかもしれないな。天龍さんより受けがハードだから（ニヤリ）。
オカダ　いや、僕はそう思いません（笑）。
外道　なんだ、おまえ、天龍さんに気を遣ってるのか？　たまには俺にも気を遣えよ（笑）。

「外道さんがいるか・いらないか、ファン投票しますか」（オカダ）

外道　オイ、残念ながら中身のない話が続いてるけど、いいのか、コレ？

オカダ　まあ、それが『オカダの部屋』の味でもあるので。じゃあ、ちょっと昔を振り返ると、僕は２０１２年の１・４東京ドームで凱旋したわけですけど、そのときに比べて僕のしゃべりの成長具合はどうですか？（笑）

外道　しゃべり？　いやあ、これは目を見張るものがあるよ。だって、最近は俺、横についてるだけでいいから、楽っちゃ楽だな。

オカダ　外道さんにマネージャーでついてもらって最初の頃は、おしゃべりはほぼ、おまかせでしたもんね。

外道　毎回、おまえの試合のあとに、じつは「今日はどんなことしゃべろうかな？」って緊張してたからな（笑）。でも、最近はおまえに任せられるから安心だよ。

オカダ じゃあ、もう、ついてもらわなくてもいいですかね（ニヤリ）。

外道 エッ……？ いやいや、いいことないだろ、おまえ。

オカダ 外道さん、お疲れさまでした！

外道 ちょっ、ちょっと待て！ 寂しいだろ、オイ……。ていうか、おまえ、そういうわりには大会で、「あれ、外道さん。今日は僕につかないんですか？」とか聞いてくるじゃんかよ！ 俺が試合でやられて、控え室で「ウゥ……」ってうなってるのに。

オカダ でも、僕は自分の試合をやったあとでも、外道さんのセコンドについたりしましたよ？

外道 おまえはただ、上にTシャツ着ればいいだけだろ？ 俺はおまえのグッズをいろいろつけないといけないから、たいへんなんだよ（苦笑）。

オカダ じゃあ、たいへんじゃない人に交代してもらいましょうか？

外道 だから、寂しいだろ、オイ……。

オカダ ハハハ！ いや、僕、ファン投票をやろうと思ってるんですよね。

外道 なんだ、ファン投票って？

オカダ ヨシタツさんが、「キャプテン・ニュージャパンがハンタークラブにいるかいらないか」って、やってたじゃないですか？

外道　なんだ、俺はキャプテン扱いか（苦笑）。

オカダ　そうしたら、外道さんも僕を裏切って、ＢＵＬＬＥＴ　ＣＬＵＢに行っちゃうのかもしれないですね。ＢＯＮＥ　ＳＯＬＤＩＥＲ2号として。

外道　だから、キャプテン扱いすんじゃねえよ！

オカダ　でも、ファン投票したら、おそらく6対4くらいで、「外道さんはオカダに必要」ってなると思いますよ。

外道　6対4ってなまなましいな、危なっかしいじゃねえかよ（苦笑）。その企画は却下だ、却下！　やる前から結果は目に見えてんだろ！

オカダ　「いらない」ですか？

外道　違うよ、「いる」に決まってんだろ！　ていうか、正直、「いらない」って声を聞くこともあるよ。でも、べつに他人に「いらない」なんて言われる筋合いはないんだよ！

オカダ　声が一際大きくなりましたね（笑）。

外道　まあ、もともと俺は人の意見なんて、一切気にしないからな。俺がつきたいからつく！　……もし、ファン投票して１００対０にでもなったらどうすんだよ、さすがに俺も傷つくぞ（小声で）。

オカダ　フフフ。まあ、僕のしゃべり自体、外道さんのマネしてるだけですからね。「カネの雨が降るぞ！」って。あ、「レベルが違う」と「3つ言わせてください」は僕のオリジナルですね。ということは……。

外道　もう、俺の「いる・いらない問題」はやめてくれ（苦笑）。べつにコッチは、マイクをやりたいわけじゃないんだけどな。

オカダ　「俺、ここにいるよ」ってアピールですか？

外道　なんか寂しいヤツみたいじゃねえかよ。違うよ、ただのセコンドなんだよ、俺は。それがいつの間にか「マイクは外道」みたいなイメージがついちゃったんだから。

オカダ　ただ、僕が勝つためにサポートしてるってことですよね。

外道　そうそう、言うなれば俺はチアリーダーだよ！

オカダ　こんな毛むくじゃらのチアリーダー、いませんよ（笑）。というか、応援してもらうなら、べつに客席からでも……。

外道　なんで、俺が客席から試合を観なきゃいけないんだよ！　でもまあ、おまえも場数を踏んだだけあって、たしかにマイクも上達したよ。全体的に堂々としてるし、大物の雰囲気が身についてきたよな。作られたものじゃない、本物のスターのオーラが出てきてるよ、ウン！　……このくらい持ち上げれば、セコンドのままでいいよな？（苦笑）

オカダ ハハハ、どうぞ僕のチアリーダーでいてください（笑）。

「CHAOS史上で一番大きいのはオカダの加入」（外道）

オカダ 今度はしゃべりじゃなく、試合のことを振り返りましょうか。僕はあんまり、記録にはこだわってないんですけど、２０１２年に日本に帰ってきてから、この約5年でIWGPヘビーは4回、プロレス大賞はMVPを3回、ベストバウトも3回ほど獲ったわけですけども。

外道 こだわってないわりにはよく覚えてるな（笑）。

オカダ あとは『G1 CLIMAX』が2回、『NEW JAPAN CUP』が1回ですか（笑）。

外道 いや、大偉業だけど、俺はその活躍を予測してたよ。それを見込んで、コッチはついたようなもんだからさ。スッポンのごとく。

オカダ まだ噛みついてますね（笑）。外道さんはプロレス大賞のMVPは何回獲りました？

外道 そうだねえ、MVPは3回かな！

オカダ へえ（笑）。じゃあ、ベストバウトは？

外道　ベストバウトは……、5回ぐらいか。
オカダ　外道さん、自分がみじめになるウソはやめませんか？（笑）
外道　そうだな（苦笑）。あ、でも、ベストタッグは獲ってんだよ、兄弟と。
オカダ　すごいじゃないですか。僕はタッグを獲ったことはないですから。
外道　でも、べつにおまえはタッグプレーヤーじゃないし。
オカダ　もし、僕が獲るとしたら、外道さんとじゃないですか？　ある意味、ベストタッグですし。
外道　……それ、おまえ、本気で言ってんの？
オカダ　なんで疑り深いんですか（笑）。
外道　さっきの「いる・いらない」と、言ってることが真逆だからよ……。俺さ、賞なんかとは無縁の人生だったから、「東京スポーツ」の記者から「ベストタッグに決まりました」って電話があったときはビックリしたよ。俺、そのときパチンコ打ってたんだけど。

オカダ パチンコですか（笑）。

外道 いまでも覚えてるよ、みちのくプロレスの巡業中で。あそこ、会場入りしてから試合開始まで長いんだよ。だから、会場着いたら、一回パチンコに行ってさ。そうしたら電話かかってきたから、「マジで？ ヤッター！」って叫んだよ、パチンコ屋で。でも、すぐに「いくらもらえんの？」って聞いたけど（笑）。オカダなんか、いろんな勲章もらってると、そう毎回毎回、感動もしてらんないんじゃないの？

オカダ たしかに家にトロフィーが増えて、並べるのが面倒なところはありますねえ（ニヤリ）。

外道 さすがだね、もう置くところがないってか。

オカダ でも、もらえること自体は、いつでもうれしいですよ。自分がやってきたことを認められた証拠なので。

外道 まあ、黙っててもらうもんじゃなく、自分で勝ち獲ったものだからな。

オカダ じゃあ、次は外道さん、僕とベストタッグを狙いますか？ チアリーダーで獲れるかわからないですけど（笑）。

外道　おまえ、俺をネタ扱いすんじゃないよ（笑）。
オカダ　ハハハ。じゃあ、次はCHAOSが09年4月に結成してからいままでの歴史のなかで、外道さんが印象的だったことを教えてもらえますか？
外道　そりゃ、一番大きかったのは、オカダ・カズチカを加入させたことだろ。それでCHAOSがガラッと変わっちゃったんだから。
オカダ　ああ、武闘派だったユニットの雰囲気が変わったというか、ゆるくなったってことですか（苦笑）。でも、それは僕のせいにされがちですけど、みんなもけっこう……。
外道　いや、悪いなんて言ってないじゃん、べつに。それはそれでよかったんじゃないの？　そんなものはおまえ、ファンがどう受け止めるかで、なるようにしかならないんだから。それがこの世界だよ。
オカダ　そもそも、CHAOSって、僕が入る前からけっこう、入れ替わりが激しいユニットだったんですよね。過去には内藤さんやらボブ・サップやら、ヒデオ・サイトーまで関わって。
外道　でも、7年以上も続いてると、よく覚えてねえなあ。まあ、最近で大きかった出来事は真ちゃんがいなくなったことと、後藤洋央紀の加入か。それとYOSHI-HASHIがCHAOSの〝ゆるキャラ〟に就任したことね。

オカダ　マスコット扱いですか（笑）。

外道　いや、俺、マジで一瞬考えたんだよ。YOSHI-HASHIをモチーフに、CHAOSのゆるキャラ作ったらどうかなって（笑）。

オカダ　モチーフっていうか、YOSHI-HASHIさん本人でいいじゃないですか（笑）。

「中邑さんが辞めるときは寂しかったですね」（オカダ）

外道　おまえはCHAOSの歴史で何がインパクトあった？

オカダ　そうですねえ、なんだろう……（熟考）。

外道　そもそもの話、CHAOSを創設したのは真ちゃんなんだよな。

オカダ　矢野さんと結託したんですよね。それは僕、若手時代にセコンドで見てました。あ、外道さんがプリンス・デヴィットのIWGPジュニアに挑戦した試合は、なかなかインパクトあったんじゃないですか？　僕が乱入してきたBULLET CLUBをドロップキックで蹴散らしたシーンが、一番沸いた試合です（笑）。

外道　俺の試合のことはいいよ、べつに（苦笑）。

オカダ　フフフ。でも、なんかいろいろありすぎて、逆に具体的に挙げるのが難しいですね。最近だと、やっぱり中邑さんが辞めたのは寂しかったですけど。僕、入場前からウルウル来て、何回もトイレに入ってましたから。

外道　でも、俺からすると、中邑真輔が辞めてから、おまえも変わったよ。オカダに「俺がＣＨＡＯＳを引っ張っていく」っていうのが見えたのは、プラスだったと思うね。自分で後藤とかオスプレイを勧誘したりさ。

オカダ　僕、中邑さんがいなくなったことで、「ＣＨＡＯＳがおもしろくなくなった」って、絶対に言われたくなかったんですよ。

外道　立派な心がけだな。しかし、後藤はＣＨＡＯＳ入ってから、予想以上に馴染んでないか？（笑）

オカダ　早かったですね、馴染むのが（笑）。

外道　というか、ＣＨＡＯＳって、あとから入ってくるヤツが馴染みやすいのかな？　オスプレイも昔からいたみたいになってるもんな。アイツもなかなかのトンパチだけど。

オカダ　一番若いのに物怖じしないというか、よく酔っ払って踊ってますよね（笑）。

外道　アレはプロレスラー向きの性格だよ、アホだもん。一回、アイツがロッポンギヴァイス（ロッキー＆バレッタ）と、六本木のポールダンスが見られる店に行ったんだって。そしたらアイツ、勝手にステージ上がっちゃって、ダンサーのお姉ちゃん以上にアクロバティックなことやりはじめて、スタッフもお客さんもスタンディングオベーションだったんだってさ。

オカダ それ、オスプレイ本人は覚えてないらしいですね（笑）。

外道 将来有望だよ（笑）。まあ、ＣＨＡＯＳはみんな、バカ話が好きだよな。

オカダ それ、みんなですか？ 外道さんと石井さんくらいじゃないんですか？（笑）。

外道 いやいや、控え室でまともな話してるヤツなんて、いないだろ？（笑）

オカダ でも、だいたい外道さんと石井さんが、いつも同じ話で揉めてるイメージが強いですけど（笑）。

外道 まあ、そうなんだけどさ（苦笑）。でも、みんなでＹＯＳＨＩ‐ＨＡＳＨＩをイジったりしてるじゃん。

オカダ 結局、あのユニットでまともに物事を見ているのは僕くらいですかね……。

外道 いやいや、おまえもたいがいだよ（笑）。

オカダ え、僕も何かありますか？

外道 おまえはね、だらしない（笑）。控え室の荷物の整理とかさ。

オカダ まあ、荷物が多いですからねえ。この前、外道さんの側にシャツが落ちてて、「なんで外道さん、自分のシャツを拾わないのかなあ？」って思ったんですけど、よくよく見

たら僕の脱いだヤツでしたね（苦笑）。

外道　自分のシャツをほっぽり投げて、俺のほうまで来てたんだろ。俺も気になったもん、「オカダ、なんで拾わないんだ？」って（笑）。あと、おまえは忘れ物が多い。よく、「あれ、ない！　あ、あった！」みたいなのやってるだろ？

オカダ　ああ（苦笑）。試合の前日にヒザのサポーターがなくなっちゃって、まったく関係ないヤツをつけて試合したこともありましたね。周りにはバレなかったですけど（笑）。たしかに僕のカバンの中はグチャグチャかもしれないですね。

外道　グチャグチャだねえ。

オカダ　でも、最近はなるべくモノを小分けにして、カバンの整理整頓を心がけてます。

外道　でも、荷物は減ってないよな？

オカダ　いやあ、あれ以上は減らせないですねえ。

外道　俺の荷物の量、おまえの持ってるサブバッグ以下だよ（笑）。旅の達人は荷物が少ないんだよ。

オカダ　たしかに外道さん、荷物少ないですよね。僕はガウンもあって、ネックレス、それにベルトも……。

外道　おまえ、カバンもバカデカいもんなあ。10万したんだろ？

オカダ　いや、20万です。

外道　定価20万を、シンガポールのセールで10万だろ？（笑）

オカダ　恥ずかしいから言わないでください（苦笑）。

外道　俺のバッグなんか、そのへんの安いヤツなのに、おまえのバッグのほうがしょっちゅう壊れてるよな（笑）。メーカーに文句言ったほうがいいんじゃないか？

オカダ　いやいや、僕が重たいものを入れすぎなんですよね。

外道　まあ、あのベルトはかなり重いわな。

オカダ　でも、それがチャンピオンの宿命というか……。

外道　何、カッコよくまとめようとしてんだよ（笑）。

「俺、よく『邪道さんですか?』って言われんだよ」(外道)

オカダ 僕らもリング外で、テレビとかメディアに出る機会も増えましたよね。何か印象深い仕事はありますか?

外道 たしかに普通じゃできないような体験をいろいろさせてもらったな。最近だと『99・9－刑事専門弁護士－』(TBS系ドラマ)か。榮倉奈々《えいくらなな》さんとなんて、なかなかドラマで共演できないからな。

オカダ 外道さん、役者になりたいんですよね。アミューズさんに言っときます。

外道 いや、そんなこと一言も言ってないだろ。おまえは俺をどうしたいんだよ?(苦笑)

オカダ 夢を叶えてあげようかなって。

外道 夢でもなんでもないわ(笑)。おまえのほうがよっぽどCMで役者みたいなことやってるだろ。

オカダ 僕が貴重な経験になったのは、これも最近ですけどヌード撮影ですかね。

外道 そうだ、おまえ、篠山紀信《しのやまきしん》さんに撮ってもらったんだよな。なかなかそんな機会ないぞ? 日本一有名なカメラマンだし、男でヌードを撮ったのはモックン(本木雅弘《もときまさひろ》)とおまえだけなんだろ? すごいことだよ、コレ。

オカダ　外道さんもヌード……は、ちょっとキツいですね（笑）。
外道　なんだ、自分から振っといて（苦笑）。
オカダ　10年前のバキバキの頃だったら……、あ、バキバキすぎてもダメみたいですよ。被写体としてナチュラルな感じじゃないと。でも、いまの外道さんはナチュラルすぎますから。
外道　ナチュラルすぎるって、どういうことだよ！
オカダ　最近、外道さんの裸を見るとビックリするんですよ。「ええっ!?」って（笑）。
外道　オイオイ、そういうこと言うな。自分の発言力の大きさに気をつけろよ（苦笑）。違うんだよ、10年前がすごすぎたんだよ。それと比較するから驚くだけで、そんなにひどくはないって。
オカダ　ひどくはないですけど、よくはないですよね。
外道　いやあ、中の上くらいじゃないかなあ。というか、俺は現在進行形だから、またシェイプするって！
オカダ　ヌード目指してがんばってください（笑）。外道さん、露出が増えてから街中で人に声かけられたりしますか？
外道　ああ、ヒゲ生やしてから気づかれるようになったなあ。

オカダ　「マイケル・エルガン？」って？
外道　誰がエルガンだよ（笑）。
オカダ　ブリスコ？
外道　ブリスコ兄弟でもねえよ！　おまえはもう、気づかれるも何も、一人で街を歩くこともないだろ？　だいたい車移動だし。
オカダ　ああ、そうですね。たまに「オカダさんですか？」って聞かれると、「違います」って答えてます（笑）。
外道　俺はよく、「邪道さんですか？」って言われるな。
オカダ　あれ、違うんですか？
外道　なんで、おまえが間違うんだよ（苦笑）。
オカダ　ホントはどっちですか？　邪道さんですか？（笑）
外道　外道です、私は。でも、最近は否定しないんだよ。「邪道さんですか？」「はい」「がんばってください！」「はい」って（笑）。
オカダ　じゃあ、邪道さんはこれからCHAOSをどうしていきたいですか？
外道　誰が邪道だよ！
オカダ　フフフ。まあ、僕としてはこれからもCHAOSは、それぞれが自由にやってい

けばいいのかなって思いますね。いままでもそうだったからこそ、ここまで続いてるんだろうし、ファンから応援もしてもらえると思うので。一番の理想は、メンバー全員がベルトを巻くことですかね。それで記念撮影がしたいです（笑）。

外道　ああ、その絵はインパクトあるね。

オカダ　僕がＩＷＧＰヘビー、後藤さんがＩＷＧＰインターコンチ、石井さんがＮＥＶＥＲ、オスプレイがＩＷＧＰジュニアヘビー、ロッポンギヴァイスがＩＷＧＰジュニアタッグ、ＩＷＧＰタッグは……。

外道　矢野ちゃんとＹＯＳＨＩ‐ＨＡＳＨＩか。矢野ちゃん、イライラしっぱなしだと思うけどな（笑）。でも、ＹＯＳＨＩ‐ＨＡＳＨＩも〝ゆるキャラ〟だけじゃなく、とうとう試合でもブレイクしたよな。いまは観てても組んでても、頼もしいよ。昔は「チッ」っていうのもあったけど。
オカダ マイクやコメントはまだ、ゾッとするときがありますけどね（笑）。
外道 アイツに言いたいのは、身内を笑わすんじゃないっていうね。
オカダ 僕はYOSHI‐HASHIさんがしゃべってても笑わないですけどね。
外道 おまえが一番ヒドいよ（笑）。おまえと石井は笑いすぎだ。で、YOSHI‐HASHIがしゃべってワケわかんなくなって、最終的に俺がケツ持たされるからな。
オカダ お客さんもYOSHI‐HASHIさんのしゃべりにゾッとしてるかもしれないですね。
外道 ……いや、おまえも最初の頃はそういうことあったよ？（笑）
オカダ ハハハ（苦笑）。僕もしゃべりながらゾッとしてたんで、そうなったら外道さんにマイクを渡してました（笑）。
外道 俺がゾッとした瞬間、オマエからマイクを取り上げるっていうのもあったな（笑）。
オカダ じゃあ、しゃべりがうまくなったと言われる僕ですけど、たまには外道さんをゾッとさせますか。
外道 べつにわざわざ、ゾッとさせる必要はないだろ（苦笑）。
オカダ フフフ。外道さん、結局のところ、今回の特別対談もほぼほぼ、他愛ない話で終わりましたね（笑）。最後にご感想をお願いします。

外道　まあ、相変わらずだね。相変わらず、何をしゃべったかも覚えてないくらい、くだらなくてよかったよ（笑）。

オカダ　一応、人気企画みたいで、まだ新日本プロレスのスマホサイトのほうでは連載が続くらしいです。

外道　ああ、そう。じゃあ、また気が向いたら来るわ。

オカダ　お待ちしてます、邪道さん。

外道　外道です、私は。

PRESENT

「オカダの部屋」購入者
スペシャルプレゼント

「オカダの部屋」単行本化記念特別対談でオカダ・カズチカ選手が着用した私物のスーツ（写真）を、オカダ選手本人よりご提供いただきました！　本書を購入いただいた方の中から抽選で1名様にプレゼントいたします。

［応募方法］
官製ハガキに、本書の帯についている「応募券」を貼り、下記の事項を明記のうえ、ご応募ください。

①お名前
②年齢
③性別
④ご住所
⑤本書を購入した書店名
⑥本書の感想
⑦本書のなかで、いちばん面白かった対談
⑧好きなプロレスラー
⑨オカダ・カズチカ選手へのメッセージ

※当選者の発表は、プレゼントの発送をもって代えさせていただきます。
※応募〆切は2017年2月28日の消印有効。

［宛先］
〒101-0051
東京都千代田区神田神保町2-4-7
久月神田ビル7F
株式会社イースト・プレス
「オカダの部屋」プレゼント応募係

RAINMAKER PHOTO HISTORY 2012-2016

2012年8月、カール・アンダーソンを下して『G1CLIMAX』初出場・初優勝（史上最年少）の快挙を成し遂げる。

2012年の1.4東京ドームに凱旋帰国。IWGPヘビー級王者の棚橋弘至に宣戦布告を果たした。

2012年7月、『G1 CLIMAX』の公開練習を国立競技場で実施。50mを5秒94で疾走し、レベルの違いを見せつける。

HISTORY 2012-2016

2014年8月、中邑真輔とのCHAOS同門対決を制して、『G1』2度目の優勝。

2013年3月、後藤洋央紀を破り、『G1』に続いて『NEW JAPAN CUP』を初出場・初制覇。

2015年11月、天龍源一郎の引退試合の相手を務め、試合後には“ミスタープロレス”に敬意を表して一礼。

2014年5月からはBULLET CLUBのニューリーダーに君臨したAJスタイルズと、IWGPヘビーを巡って名勝負を展開。

RAINMAKER PHOTO

2016年1月、1.4ドームで棚橋を撃破し、IWGPヘビー級王座を防衛。ドームのメインでは初の棚橋越え。

2016年4月に内藤哲也に破れ、IWGPヘビー級王座から陥落するも、6月には奪還に成功。

2016年1月、「東京スポーツ」制定の15年度のプロレス大賞のMVPとベストバウト(vs天龍)をダブル受賞。

新日本プロレスブックス

オカダの部《へ》屋《や》

2016年12月20日　初版第1刷発行

著者　オカダ・カズチカ

装丁　金井久幸（TwoThree）
DTP　松井和彌
写真　林 和也［カバー／巻頭グラビア］
山本正二［対談／試合］
中原義史［矢野通］

対談構成　鈴木 佑
連載担当　真下義之（新日本プロレスリング）
編集　圓尾公佑

協力　新日本プロレスリング

発行人　北畠夏影
発行所　株式会社イースト・プレス
東京都千代田区神田神保町2-4-7
久月神田ビル
TEL:03-5213-4700
FAX:03-5213-4701
http://www.eastpress.co.jp/

印刷所　中央精版印刷株式会社

ISBN978-4-7816-1497-7